저널리즘 북

JOURNALISM
BOOK

스페이스 브랜딩

발행일 ; 제1판 제1쇄 2020년 3월 9일 제1판 제9쇄 2025년 10월 1일
글·사진 ; 김주연
발행인·편집인 ; 이연대 편집 ; 김하나
디자인 ; 최재성·유덕규
펴낸곳 ; ㈜스리체어스 _ 서울시 종로구 효자로 15 2층
전화 ; 02 396 6266 팩스 ; 070 8627 6266
이메일 ; hello@bookjournalism.com
홈페이지 ; www.bookjournalism.com
출판등록 ; 2014년 6월 25일 제300 2014 81호
ISBN ; 979 11 969700 0 0 03300

이 책 내용의 전부 또는 일부를 재사용하려면
반드시 저작권자와 스리체어스 양측의 동의를 받아야 합니다.
책값은 뒤표지에 표시되어 있습니다.

북저널리즘은 환경 피해를 줄이기 위해
폐지를 배합해 만든 재생 용지 그린라이트를 사용합니다.

BOOK
JOURNALISM

스페이스브랜딩

김주연

: 하나의 브랜드가 깊이 자리 잡는 것은 머리의 이해보다는 마음속의 공감이다. 고객의 마음에 호소한다는 브랜딩의 목표는 변하지 않았다. 변한 것은 실행 방식이다. 산업 시대에는 제품의 속성으로 고객의 마음에 호소했고, 정보 시대에는 이미지로 정체성을 호소했다면, 현재는 체험으로 고객의 마음과 감성에 호소하는 시대다. 새로운 시대의 브랜딩, 그 중심에 공간이 있다.

---------------------------------- 차례

07　　　　프롤로그 ; 브랜드, 브랜딩, 그리고 공간

13　　　　1 _ 공간의 인상과 고객 가치
　　　　　생각하기 전에 느끼게 하라
　　　　　공간의 얼굴 오감으로 느끼는 공간 경험 ; 젠틀몬스터

49　　　　3 _ 커뮤니케이션과 영감의 공간
　　　　　공간은 몸의 기억이다
　　　　　공간 GPS와 데자뷔
　　　　　공간은 시간이다
　　　　　공간에서 의미를 발견하다

공간은 미디어다 ; 현대카드

69   4 _ 스페이스 브랜딩의 4원칙
공간으로 차별화하라
선도성 ; 빌바오와 LA의 차이
단순성 ; 유럽의 도시와 애플스토어의 공통점
의외성 ; 기분, 감동, 몰입
화제성 ; 기억의 향수, 가치관의 공유, 감동의 공감각

93   에필로그 ; 인상을 설계하다

99   주

109   북저널리즘 인사이드 ; 온라인 시대, 브랜딩의 본질

114   사진

표롱고

도래가, 도래감, 도리도 가는

사람들이 사회에서 개인의 얼지를 다지려 하는 것과 마찬가지로, 기업도 비즈니스에서 생존하려면 알지를 정립해야 한다. 기업의 입장에서 그 입지가 바로 브랜드다. 마케팅 전문가 펠 슈미트Bernd Schmitt는 브랜드를 다음과 같이 정의한 다. "브랜드가 마케팅활동으로부터 얻고 있는 결과는 다양한 것, 생물, 기기, 이미지, 인지, 사례, 비즈니스 관계에 대한 비즈니스로 발전해 가기나 늘어날 수 있는 그 무엇이다. 즉 제 체적인 공명을 의미한다."[1]

아니 가축해야 할 가치는 공명이다. 공명은 고객이 생각하고 공조하고, 고객이 특히 느낄 비랜드를 살태하는 것이 그 핵 심이다. 고객과 브랜드 사이에 개인의 경험이 반영되어야 하기 때문이다. 특 히 감정적으로 공명하는 사람들이 누구인지를 파악하는 감수성과 그들과 함께 감성적인 관계를 맺어 가는지가 개재가치있 을 때이라면 느낀다. 브랜드는 최저까지 즐거 생 월터Walter Lander는 "제품은 공장에서 창조되고, 브랜드는 마 음에서 창조된다"고 말한다.[2] 그 말대로 지성이 강조되는 이때문 인정하시기란 예외적으로 정체성이 강조됨이 필요하다. 브 랜드는 인정해자시기 그려드리만 정체성이 필요하다. 브 랜드의 핵심은 상징적인 것에만 한정되지 않는다. 이상한, 거대 드는 강정성 무거, 구조적, 공공, 교육, 이념, 예술, 지역, 자사 등 생각할 수 있는 거의 모든에서 정정을 더 공공한 영향 을 풍기고 있다.[3]

브랜드의 가치, 그 신뢰의 정체성을 고객은 어떻게 판단하는가? 이는 근본적으로 이미지와 관련되어 있다. 고객은 브랜드의 이미지에서 의식적 또는 무의식적, 감각적으로 브랜드의 가치를 감지한다. 비즈니스와 관계된 디자인 산출물은 모두 브랜드 정체성에 중요한 역할을 한다. 상품 자체, 로고, 패키지, 디스플레이, 매장, 사인, 광고부터 판매원의 태도 등 서비스 영역까지 모든 항목에서 긍정적인 인상을 구축할 때 브랜드는 성공한다.

이렇게 고객의 마음에 비즈니스의 정체성에 대한 이미지를 심는 과정이 브랜딩이다. 브랜딩은 브랜드의 가치를 구축하고 제어, 유지하며 확장하는 총체적 과정인 것이다.[4] 바꿔 말하면 브랜딩은 '사람들의 인식을 관리하는 것'이라고 할 수 있다.[5] 결국 기업의 브랜드 이미지를 구축하는 작업은 종착지 없는 여행과 같다. 브랜딩은 어떤 결과를 목표로 삼는 것이 아닌, 결과를 위한 과정 자체이기 때문이다. 브랜드는 명사지만 브랜딩은 동사다. 브랜딩을 통해 브랜드는 시장에서 차별화된 입지를 확립하고, 충성 고객을 유치하고, 유지하게 된다.[6]

어떤 상품이나 서비스를 접하고 '그 회사답다'는 생각이 든다면 제대로 브랜딩된 것이다. 브랜딩에는 '다움'을 구축하는 모든 방식이 들어 있다. 상품, 서비스 자체나 광고, 매장의 공간 등 기업이 만들어 내는 모든 산출물이 고객의 뇌

에서 긍정적인 신뢰의 인상으로 켜켜이 쌓이며 다움은 구축된다.[7]

비즈니스를 성공적으로 이끌기 위해서는 세 가지 기술이 필요하다고 한다. 기능적 기술, 재정적 기술, 판매적 기술이다.[8] 앞의 두 기술이 아무리 뛰어나더라도 세 번째 기술이 부족하면 비즈니스는 성공하기 어렵다. 판매적 기술에는 소비자의 욕망을 자극하는 기술이 포함된다. 브랜드가 바로 그 욕망을 자극하는 수단이다. 고객의 욕망을 자극하기 위해서는 고객은 누구이며, 고객을 흥분시키는 것은 무엇이며, 왜 그것들이 고객을 흥분시키는가를 확실히 알아야 한다.

필자는 현대의 비즈니스에서 성공하려면 여기에 하나의 기술이 추가되어야 한다고 생각한다. 바로 인상의 기술이다. 비즈니스의 다움, 브랜드의 정체성을 인상 짓는 기술 말이다. 인상의 기술, 그 중심에 공간이 있다. 여기서 공간은 건축이나 인테리어의 구분을 넘어 실외까지 포함하는, 인간의 경험과 연결된 '에피소드나 사건, 이벤트의 장소'로서의 공간을 말한다. 이러한 공간에서 발생하는 경험은 욕망의 근원이라고 할 수 있다.

전통적으로 비즈니스에서 공간의 역할은 크게 네 가지였다. 첫째는 제품 판매 및 서비스를 제공하는 문제 해결 역할이다. 둘째는 직간접적 브랜드 이미지 전달을 통한 아이덴티티 확립 역할이다. 셋째는 콘텐츠 제공을 통한 체험의 역할이다. 넷째는 문화 행사 지원으로 공공성을 확보하고 기업의 사회적 책임을 표현하는 가치 중심적 역할이다.[9] 그러나 이제는 시대가 바뀌었다. 첫 번째 역할은 거의 사라지고 있다. 사람들은 구매는 온라인으로, 브랜드 경험은 오프라인으로 한다. 둘째, 셋째, 넷째의 공간적 역할은 한마디로 요약하면 브랜딩의 영역이라고 할 수 있다. 사람들은 어떤 공간이 볼 만한 가치가 있을 때, 경험할 가치가 있을 때에만 방문한다. 동시대적이고 보편적인 울림을 주는 콘텐츠가 있는 공간만이 소비자의 선택을 받는다.

이렇게 공간을 통해 고객의 경험을 디자인하고 브랜드의 가치를 심어 주는 과정이 스페이스 브랜딩이다. 고객과의 접점인 공간으로 비즈니스의 인상을 구축하거나, 그 공간의 인상을 통해 브랜드의 가치 경험을 확장, 관리하는 활동이다. 공간 콘텐츠의 소비, 경험 속에서 인지된 가치와 매력이 방문자의 무의식에 비즈니스의 가치로 저장되고, 향후 구매 행동에 장기적 영향을 미친다. 결국 공간 경험은 기업 비즈니스의 성공에 결정적일 수밖에 없다. 바로 지금, 스페이스 브랜딩 전략을 수립해야 하는 이유다.

운간의 인양관 고개 가치

생각하기 전에 느끼게 하라

인간은 감지하고-느끼고-생각하고-행동한다. 사람들은 생각하고-행동하기 전, 먼저 감지하고-느낀다. 생각하고-행동하는 것이 인간의 이성적 활동이라면 감지하고-느끼는 것은 감각적 활동이다.[10] 인간은 아름다운 것, 인상 깊은 체험, 조형의 세계가 불러일으키는 행복감을 갈구하는 존재다. 공간에서 실용적인 활동만 하는 것이 아니라 장엄함, 희열, 통쾌함, 탁월함, 열망, 강렬함, 여유로움 같은 감정을 느끼는 것이다.[11] 고객은 구체적인 경험에 더 많은 감각이 동원되기를 바란다. 고객의 입장에서는 즐길 수 있다면 어떤 형태든 좋다.

공간은 사람들이 일상에서 끊임없이 접하는 예술 형태다.[12] 사람들은 공간의 인상을 통해 환상과 도피, 품위, 신비감을 느낀다. 고객들이 공간 속의 유희로 일상의 결핍을 채우고 브랜드와 동화되는 이유다. 현대적 경험 중심 비즈니스의 성공은 고객이 상상의 세계로 들어갈 수 있게 해주는 공간을 어떻게 운영하고 관리하는가에 달려 있다. 효율성과 상대적인 매력으로 차별화했던 방식은 이제 충분하지 않다. 총체적 브랜드 커뮤니케이션 관점에서 전략적으로 공간을 구축하고 운영해야 한다. 건물, 조경, 사무실, 공장, 플래그십 스토어, 로드숍, 팝업 스토어, 전시장, 디스플레이 등 브랜드와 직접적으로 연결되는 모든 공간적 상황을 고려해야 한다. 단순히 멋진 공간이 아니라 고객의 경험을 만들 수 있는 곳으로, 고객이 기쁨을 넘어 의미와 가치를 찾을 수 있는 공간으로 구성할 수 있어야 한다.

체험은 브랜드와의 유대감을 형성하는 직접적인 방법이다. 고객의 방문을 비즈니스의 뚜렷한 인상을 남기는 기회로 삼아야 한다. 기업이 마련한 공간에 방문하기 위해 고객은 시간과 비용을 지불한다. 적절한 보상을 체험하지 못한다면 기업에 대한 인상은 기업의 기대, 목적과는 상반되는 방향으로 형성될 수 있다. 고객의 기대가 충족되지 않으면 신뢰가 무너지고, 부정적 정서는 소셜 미디어 등을 통해 표출된다.

신경학자 도널드 칼네Donald Calne는 이렇게 말한다. "이성은 결론을 낳지만, 감성은 행동을 낳는다." 고객은 처음에는 제품의 기능은 뭔지, 왜 이 제품을 선택해야 하는지 합리적인 이유를 찾는다. 하지만 '나는 이게 더 좋아', '마음에 들어'라는 결론을 내리게 만드는 것은 감성이다.[13] 디자인은 상품에 대한 선호를 넘어 열정, 감성, 친근감과 관계된다. 한 연구는 사람들이 구매를 결정할 때 감정이 사실보다 두 배 이상 중요한 역할을 한다고 분석한다.[14]

세계 각국 애플스토어를 방문한 사람들이 공통적으로 감동하는, 인상적인 장면 중의 하나가 투명 유리 계단이다. 초현실적 유리 계단은 그 단순한 인상 하나로 극명하게 애플의

첨단 기술력과 미래 지향성을 느끼게 한다. 우리는 복잡할 수 있는 것이 아주 단순하게 표현되었을 때 감탄한다. 거기에 엄청난 노력이 들어갔음을 직관적으로 느끼기 때문이다.[15]

이 유리 계단은 스티브 잡스가 고안한 공간적 장치다. 스티브 잡스는 애플에서 쫓겨난 후 넥스트NeXT 컴퓨터를 창업했던 시절, 직원, 고객 등 사옥을 방문하는 사람들에게 브랜드의 핵심적인 인상을 심어 주는 로비를 만들고자 했다. 그는 건축가 아이엠페이I.M.Pei에게 마치 공중에 떠 있는 것처럼 보이는 계단을 디자인해 달라고 구체적으로 주문했다. 그리고 엘리베이터 위치를 옮기면서까지 로비를 설계했다. 이 계단은 이후 애플 스토어의 핵심 감각 요소가 되었다.[16]

공간의 핵심 감각 요소는 브랜드 분야의 석학 데이비드 아커David Aaker가 말하는 시각적인 메타포metaphor로 기능하는 강력한 브랜드 아이덴티티다.[17] 브랜드와 정서적으로 동질한 공간만큼 브랜드를 인격화해 표출하는 수단은 없다. 브랜드의 공간적 인상은 우리 뇌를 자극하는 생생하고 뚜렷한 자극제이다.[18]

공간의 얼굴

인상을 다른 말로 바꾸면 얼굴이다. 얼굴이라는 우리말의 어원을 살펴보면 인상과 얼굴의 연결 고리는 더 명확하게 드러

난다. 얼은 영혼, 정신, 마음, 내면이란 뜻이고 굴은 골, 뼈, 꼴, 틀, 상, 형, 모양, 그릇, 골상이라는 의미다. 결국 얼굴은 영혼을 담은 그릇이라는 의미가 된다.[19] 경영 컨설턴트 사이먼 사이넥Simon Sinek은 화살의 과녁과 같은 세 개의 동심원 다이어그램 '골든 서클Golden Circle'로 얼을 설명한다. 골든서클은 가장자리 원이 '무엇what', 중간의 원이 '어떻게how', 가운데 원이 '왜why'를 나타내는 다이어그램이다. 사람이나 기업은 모두 자신이 무엇을 하는지 알고 있고, 그중 몇몇은 어떻게 하는지도 안다. 그러나 왜 하는지에 대해서는 아주 적은 사람이나 기업만 알고 있다. 여기서 왜 하느냐에 대한 답이 신념, 영혼, 정신, 얼이다. 이를테면 '기업은 왜 존재하는가'와 같은 질문에 대한 답이다. 사이넥은 말한다. "사람들은 임무(당신이 하는 일)를 구입하지 않는다. 신념(당신이 하는 이유)을 구입한다."[20] 고객은 실용성, 목적성과 함께 감정적, 심리적 그리고 사회 문화적인 이유로 물건을 구입한다.[21]

신념의 중요성은 지난 수십 년 동안 경영학에서 발견된 두 가지 중요한 사실 가운데 하나다. 급진적 혁신이 장기적 경쟁력 향상의 주요 요인이라는 첫 번째 사실과 더불어 사람들은 물건을 구매하기보다 의미meaning를 구매한다는 두 번째 사실은 비즈니스의 근본을 바꾸고 있다.

그래서 브랜드의 인상을 보여 주는 공간은 비즈니스의

의미를 구체화하고 있어야 한다. 비즈니스의 목적, 대의가 공간에서 드러나야 하는 것이다. why가 없는 what의 공간으로는 스페이스 브랜딩의 목적을 달성하기 어렵다.

브랜드의 존재 이유가 다양하듯 공간의 얼, 인상도 다양하다. 독일 프랑크푸르트의 마이자일MyZeil 쇼핑몰(114-115쪽 사진)은 흐르는 강을 모티브로 디자인되었다. 건물의 정면이 함몰되어 있어 하늘로 뚫린 형태인데, 내부 공간은 위에서 아래로 폭포가 흐른다. 역동적인 첨단 기술이 적용되었다는 인상을 준다. 단 하나의 작품만 전시하는 일본의 데시마 뮤지엄Teshima Art Museum(116-117쪽 사진)과 같은 정적이고 느린 인상의 자연을 품는 공간도 있다. 특정한 방향이 옳고 그른 것이 아니라 공간의 인상이 해당 비즈니스의 가치관과 맞닿아야 한다.

뉴욕 맨해튼의 광고 대행사인 바바리안 그룹Barbarian Group은 2014년 사무실 공간을 새롭게 오픈했다. '슈퍼데스크Superdesk'(118쪽 사진)라고 이름 붙인 하나의 테이블로 사무실의 모든 책상을 연결한 이 공간은 많은 사람들의 관심을 받았다. 인터랙티브 마케팅 서비스를 제공하는 광고 회사로서의 창의성과 효과적으로 연결되는 디자인이다. 총 170명이 사용하는 이 연결된 하나의 테이블이 만들어 내는 공간적 인상은 '한 팀으로 같이 일한다'는 회사의 why, 협업을 확실한 하나의 공간적 이미지로 보여 주며 회사를 브랜딩하고 있다. 이러한 창의적 공간은 방문한 고객의 기억에 남는 인상이 되는 것은 물론, 사무실에서 근무하는 직원에게도 회사가 추구하는 가치관을 공유하고, 창조적 에너지를 전달한다.

진정성과 가치를 보여 주는 방법

새로운 세대의 창조적 계층은 더 자연스러운 장소에서 진정성 있는 체험을 기대한다.[22] 점점 더 많은 고객들에게 기업의 진정성은 서비스나 제품의 품질과 함께 중요한 구매 의사 결정의 기준이 되고 있다.[23] 고객들은 삶의 가치에 대한 의식을 바탕으로 정신적, 감성적 풍요로움을 추구한다. 가치란 유용한 것, 욕구를 충족시킬 수 있는 것, 그리고 바람직하다고 판단되는 것으로 이해할 수 있다. 기업이 고객에게 전달할 수 있는 가치는 **기능적 가치**(서비스 품질, 시설·설비, 전문성, 편의성), **사회적 가치**(신분 강화, 자존심 환기), **감성적 가치**(심미성, 즐거움), **관계 고유 가치**(확신성, 특별 대우, 사회적 혜택) 네 가지로 구분할 수 있다.[24]

    미래 비즈니스의 부가 가치는 고객의 의식과 기업의 가치관을 어떻게 동화시켜 기업의 진정성을 인식시키느냐에 달려 있다. 공간은 그 연결 고리가 될 수 있다. 인식의 주체인 고객은 공간 경험을 통해 기업의 진정성을 평가하고 가치 있는 관계를 맺는다. 공간에서 경험하는 가치는 시각, 청각, 촉각, 후각 등의 감각 자극을 통해 느끼는 체험의 총체다. 아름다움을 소비하는 심미적 자극, 즐거움과 쾌락을 소비하는 오락적 자극, 소비로 부와 신분을 보여 주는 상징적 자극 등이 체험의 일부가 된다.

브랜드 진정성은 소비자들이 기대하는 기업의 본질적 의무와 책임을 수행하는 것이다. 개방성, 광고 진실성, 브랜드 약속 등 커뮤니케이션 진정성, CEO의 경영 능력, 독창성, 브랜드 품격, 일관성 등 성과적 진정성, 사회적 책임, 환경적 책임, 공정성, 협력 업체와의 관계 등 사회적 진정성의 세 가지로 분류할 수 있다.[25]

가장 중요한 것은 가치를 판단하는 주체가 기업이 아니라 고객이라는 사실이다. 공간의 인상은 고객의 입장에서 고객의 사고를 기초로 결정해야 한다. 브랜드 공간이 어떻게 고객과 긍정적 관계를 맺을 수 있는가? 브랜드 공간이 고객의 방문에 어떤 가치를 제공할 수 있는가? 이 두 질문에 대해 디자인 학자 김지현은 박사 학위 연구에서 중요한 내용을 밝히고 있다. 그는 브랜드 공간을 크게 고객의 실용적·기능적 가치를 위한 기능 중심 공간, 고객의 쾌락적·감성적 가치를 위한 체험 중심 공간, 고객에게 사회적·이타적 가치를 갖게 하는 의미 중심 공간으로 구분한다. 스페이스 브랜딩 공간은 기업이 고객의 가치를 어느 방향으로 잡느냐에 따라 이 세 가지 구분된 형식이 단일하게 또는 복합적으로 구현된다. 이에 따라 스페이스 브랜딩의 접근 방식은 형태 기반 기능 가치, 행태 기반 관계 가치, 의미 기반 대상 가치를 추구하는 세 가지 방식을 생각할 수 있다.[26]

우선 형태 기반 기능 가치를 추구하는 스페이스 브랜딩이란 공간의 기능적 측면으로서 브랜드 공간이 고객에게 만족감을 줄 수 있는 가장 본질적이고 근본적인 역할을 수행하는 것을 말한다. 접근성, 이용 편의성, 쾌적한 환경 등 편의적 기능, 결과적으로 나타나는 공간의 형태와 파사드façade의 차별성, 스타일의 조화 등 시각적 표현에 대한 만족을 의미하는 심미적 형태, 그리고 상징적 표현이나 일관된 주제를 연상시키고 흥미로운 이야기를 제시해 공간이 갖는 의미를 연상적 기호로 경험하게 하는 브랜딩 방식이다.

일본의 무인양품과 한국의 닥터자르트Dr. Jart+는 형태를
기반으로 가치를 추구한 좋은 사례다. 무인양품은 좋은 품질의 상품을 심플하고 담담하게 보여 주는 방식으로 매장을 구성해 '이것으로 충분하다'라는 기업의 철학을 구현했다. 기능적이고, 간결하고, 겸손한 공간의 인상은 무지가 추구하는 가치를 편의적 기능으로 훌륭히 브랜딩하고 있다. 한국의 브랜드 닥터자르트는 브랜드의 인상이 구축되지 않았을 때, 브랜

드의 철학 '피부 본연의 건강'을 피부에 중요한 본질적 요소인 물, 공기, 빛으로 구현하고자 했다. 그리고 이 요소들을 가장 정화된 형태로 경험할 수 있는 '필터 스페이스' 공간을 구축했다. 2016년 브랜드 론칭을 성공으로 이끈 첫 플래그십 스토어는 스테인리스 스틸로 차단된 화학 실험실 같은 공간으로 디자인됐다. 이 공간은 매 시즌 새로운 브랜드 경험 공간으로 진화하고 있다. 닥터자르트는 더 나아가 현대인의 수면의 질이 피부에 영향을 미치는 것은 물론 건강에 중요하다는 점에 착안해 숙면 연구소라는 공간도 구축했다. 공간으로 브랜드의 기능적 가치를 심미적 형태로 훌륭하게 인상 지은 것이다.

두 번째로, 행태 기반 관계 가치를 추구하는 스페이스 브랜딩은 브랜드 공간이 고객의 체험이나 교류, 능동적 참여의 경험을 이끌어 브랜드와 고객이 긍정적인 관계를 만드는 방식을 말한다. 행태 기반 관계 가치는 본질적으로 고객이 공간을 돌아다니며 즐거운 경험을 축적하는 자율적 행위, 브랜드 공간에 마련된 고객 참여 콘텐츠에 능동적으로 반응하며 만족하는 소통적 참여, 그리고 브랜드 공간에 특별히 마련한 이벤트 등에서 우연히 경험하게 되는 즉흥적인 사건에 만족하는 유희적 사건 세 가지로 구분할 수 있다.

브랜드 공간의 효용은 공간 구축에서 끝나는 것이 아니

라 운영으로 완성된다. 변화하는 프로그램으로 공간을 운영해야 브랜딩이라는 기능을 수행할 수 있다. 고객의 라이프 스타일에 맞춘 다양한 운영 프로그램을 통해서 유희적 사건의 가치를 높일 때 스페이스 브랜딩의 효과는 극대화된다. 행태 기반 관계 가치를 추구하는 스페이스 브랜딩 사례로는 미국의 나이키와 한국의 무신사를 꼽을 수 있다. 공간을 통해 행태 기반 관계 가치를 처음 선보인 곳은 1996년 문을 연 뉴욕 5번가의 나이키타운Niketown이다. 이 플래그십 스토어는 매출과 상관없이 고객이 'just do it'이라는 가치를 경험하는 공간으로 구축되었다. 경영진은 고객의 경험이 브랜드 광고보다 효과가 더 클 것이라고 판단했다. 건물의 붉은 벽돌과 아치형 창문의 파사드는 의도적으로 1960년대 뉴욕의 공립 학교 체육관의 외관을 차용했다. 벽에는 "명예, 용기, 승리 및 팀워크"라는 스포츠의 보편적 가치가 새겨져 있다. 농구의 마이클 조던 같은 각 종목을 대표하는 스타플레이어를 중심으로 한 인터랙티브 공간은 나이키 추종자들로부터 '사원'이라 불리며 맨해튼의 명소가 되었다. 개장 이래, 하루 약 1만 5000명이 방문했을 정도다. 2020년, 현재, 오리지널 스토어는 문을 닫고, 인근에 'NYC House of Innovation 000'이라는 새로운 플래그십 공간이 문을 열었다. 나이키타운의 몰입적 체험 브랜딩의 전통을 이어 커스터마이징 등을 통한 브랜드 관계 가치를 구축하고 있다.

 한국의 온라인 편집숍 무신사는 2019년 9월 홍대 앞에 무신사 테라스를 열었다. 공간은 철저히 무신사 브랜드를 경험하는 공간으로 설계됐다. 전체 공간의 4분의 1만 기능적 판매의 공간으로 활용한다. 온라인 스토어의 특성상 고객과의 직접적인 대면 접점이 없고, 브랜드 자체를 통한 고부가 가치 창출이 어렵다는 점을 극복하려는 시도다. 고객은 무신사가 추구하는 '패션 문화'라는 가치를 오프라인 공간의 다양한 행사로 체험한다. 고객은 공간에 머무르며 쇼핑 페스티벌, 영화 상영회, 라이브 공연, 식사, 패션쇼, 디자인 전시 등 무신사의 콘텐츠를 유희적 사건의 관계 가치로 경험한다.

마지막으로 의미를 기반으로 해 대상의 가치를 추구하는 방식은 브랜드의 사회적 역할을 강조한다. 즉, 브랜드 공간이 고객 개인의 차원을 넘어 공공의 안녕, 행복과 같은 공동체의 삶의 질을 높이고자 하는 사회·문화적 가치, 공유 가치로 이어지는 것이다. 의미 기반 대상 가치는 두 가지의 세부 가치로 구분할 수 있다. 첫째는 브랜드 공간을 구축하는 지역, 장소의 환경과 역사·문화 등을 배려하는 맥락적 가치를 추구하는 방식, 둘째는 브랜드 공간 자체를 고객을 위한 공유재로 개방하는 방식이다. 최근 공간 재생이 화두로 부상하고 있는 것은 맥락적 장소의 가치를 중요시하는 고객의 특성을 보여 주는 것이다.

의미 기반 대상 가치 스페이스 브랜딩의 대표적인 사례는 네덜란드 암스테르담의 샤넬 스토어다. 2016년 샤넬은 명품 부티크들이 모여 있는 고급 쇼핑 거리에 혁신적 스토어를 선보였다. 네덜란드 건축가 MVRDV가 디자인한 크리스털 하우스는 평범한 건물의 1층과 2층의 벽돌을 유리블록으로, 창문 프레임을 유리로 바꿔 마치 투명 건물처럼 보인다. 밤에는 매장의 전체 공간이 투명하게 그대로 거리에 투사되면서 독보적인 이미지를 만든다. 거리의 풍경을 해치지 않고 지역의 맥락과 함께 하면서도 매우 창의적인 공간을 통해 샤넬은 의미 기반 스페이스 브랜딩을 선보였다. 현재 이 공간은 샤넬이 아닌 에르메스가 사용하고 있다. 암스테르담의 고급 소매 부동산 투자사 바레나르Warenar가 소유하고 있는 이 건물은 샤넬이 만든 것이 아니라 임대를 위해 구축된 공간이다. 지역의 맥락을 반영하는 공간은 어떤 브랜드에도 긍정적 인상을 심어줄 수 있는 것이다.

세계 각국에 진출해 있는 호주의 글로벌 화장품 브랜드 이솝의 매장은 모두 다르다. 어느 도시에서나 그 도시의 문화와 철학을 바탕으로 매장을 설계한다. 도시의 문화와 지역성을 대변하는 공간을 구축하는 것이다. 이솝은 '매일의 일상을 한 단계 높게 끌어올린다'는 가치를 각 도시의 고유한 맥락적 장소로서의 공간에 풀어낸다. 제품과 패키지를 최소한의 장식으로 배치하는 비주얼은 광고 없이도 이솝을 브랜딩한다. 온도, 음악, 냄새, 촉감 등 강력한 디테일이 이솝이라는 브랜드 정체성을 구성하는 것이다.

한국을 대표하는 화장품 브랜드 아모레퍼시픽의 아모레 성수는 2019년 서울 성수동에 개장한 체험만을 위한 대규모 공유 공간이다. 젊은 층 사이에서 '핫플레이스'로 부상한 성수동은 본질적으로는 화장품 브랜드와는 어울리지 않는 공장 지대라고 할 수 있다. 한마디로 어울리지 않는 조합이다. 그러나 밀레니얼과 Z세대는 이 이질성을 쿨하다고 느낀다. 아모레 성수는 과거 자동차 정비소의 공간적 흔적을 경계 없이 바라볼 수 있는 중앙의 조경 '성수 가든'에서 아모레퍼시픽의 화장품을 자유롭게 경험하도록 설계했다. 고객들은 공유와 보존이라는 사회적 가치를 품은 공간에서 체험에 몰입한다. 아모레 성수는 '(화장품을) 바르다'라는 가치를 온전히 경험할 수 있도록 화장품을 발라 보는 데 장애가 되는 요소들을 모든 공간에서 덜어내는 스페이스 브랜딩을 했다.

스페이스 브랜딩의 시작 ; 프라다 에피센터

필자는 프라다 에피센터Prada Epicenter(119쪽 사진)를 현대적인 의미의 스페이스 브랜딩이 시작된 지점이라고 평가한다. 공간으로 프라다라는 브랜드의 인상을 새롭게 만들었고 침체된 비즈니스를 부활시켰기 때문이다. 에피센터는 쇼핑 공간이지만 소비 지향적이지 않은 공간으로 20년 넘게 유지되고 있는 압도적인 스페이스 브랜딩 사례다.

2000년 프라다는 파산에 직면했다. 프라다 창업주의 손녀이자 수석 디자이너인 미우치아 프라다Miuccia Prada는 브랜드의 사활을 공간에 걸었다. 브랜드가 대중에게 새롭게 다가가는 방식을 수립하겠다는 것이었다. 그는 온라인 쇼핑이 확산되며 오프라인 매장의 위상이 사라져 가는 시기에 공간의 지향성을 고민했다. 박물관, 도서관, 공항, 병원 및 학교와 쇼핑센터가 점점 구분되지 않는 상황에서 상업 공간은 더 이상 구체적인 목적을 성취하는 수단으로 존재하기 어려웠다.

2001년 뉴욕 맨해튼 소호 지역에 뉴욕 프라다 에피센터가 문을 열었다. 처음에는 간판도 없었던 이 플래그십 스토어는 프라다를 회생시킨 공간 프로젝트가 되었다. 프라다는 당시까지 럭셔리 브랜드 공간 디자인을 한 번도 해본 적이 없는 데다 프로젝트마다 실험적인 작업으로 충격적이고 낯선 건축을 선보였던 건축가 렘 콜하스Rem Koolhaas를 선택했다. 콜하스의 접근은 이전과는 근본적으로 달랐다. 그는 전혀 스토어 같지 않은 스토어를 만들었다. 면적당 임대료가 엄청나게 비싼 맨해튼 소호의 건물 1층 바닥을 절반 가까이 뚫어 마치 스케이트보드 경기장의 하프파이프half-pipe와 같은 나무 커브로 1층과 지하 공간을 직접 연결시킨 것이다. 이 경이롭고 충격적인 공간의 형상 하나로 프라다는 '프라다의 럭셔리'가 무엇인가를 대중에게 각인시키며 성공적인 전환점을 만들어 냈다.

미우치아 프라다는 렘 콜하스를 만나기 위해 네덜란드 로테르담을 찾아가 이렇게 말했다고 한다. "우리는 당신이 프라다의 방식을 재현하기를 원하지 않는다. 쇼핑에 대한 개념을 바꿔 주길 바란다. 전혀 다른 쇼핑 공간의 이미지를 원한다."[27] 총체적인 감각 경험의 장이라는 프라다의 목표는 스페이스 브랜딩과 같은 의미라고 할 수 있다. 에피센터의 주인공은 프라다의 상품들이 아니라 공간 자체다. 갤러리의 설치 미술처럼 유희적인 경험이 가능한 공간에는 프라다의 상품이 듬성듬성 놓여 있을 뿐이다. 강렬한 인상을 주는 하프파이프 구조물에는 패션쇼 같은 다양한 행사를 수용할 수 있는 장치들이 숨겨져 있다. 공간은 고정되지 않은 느낌이고 불안해 보이기까지 한다. 이런 불안함은 콜하스의 전략적 판단이었다. 영화 상영, 음악 공연, 패션쇼와 강연, 미술 작품 전시 등 변화무쌍한 프로그램으로 늘 새로운 장소가 될 수 있도록 한 것이다. 미우치아 프라다는 말한다. "좋은 취향은 지루하다. 기본적으로 나쁜 것, 틀린 것을 가지고 작업해야 한다." 에피센터가 주는 공간적 인상은 미우치아의 프라다가 추구하는 브랜드의 why를 명확하게 브랜딩하고 있다.

감각하고 인지하는 경험

오후 4시의 커피

'여기 분위기 좋은데?' 우리는 카페에 들어서는 찰나의 순간에 공간을 느끼고 판단한다. 2009년 건축의 노벨상이라고 부르는 프리츠커상을 수상한 페터 춤토르Peter Zumthor는 이렇게 표현한다. "질 높은 건축은 나를 감동시키는 건축이다. 무엇이 나를 감동시키는가? 한마디로 분위기다." 우리가 느끼고 판단하는 것은 바로 분위기다.

공간의 전반적 이미지, 조명, 음향, 냄새 모든 것이 분위기를 좌우하지만, 시각적 인상의 영향이 가장 크다. 첫인상으로 느껴지는 공간의 분위기, 그 분위기에 대한 심리적 반응이 고객의 호감을 결정한다.[28] 공간의 분위기는 결국 소비 태도에 직접적인 영향을 미친다.

'오후 4시의 커피'라고 하면 어떤 생각이 떠오르는가? 대부분 커피 자체의 맛보다는 어떤 분위기 또는 장소를 떠올릴 것이다. 빅데이터 전문가 송길영은 오후 4시의 커피를 동료들 사이의 유대감을 위한, 커피 자체보다는 만남의 장소가 중요한 커피라고 말한다. "4시의 커피에는 브랜드가 필요 없다. 대신 다른 사람의 눈에 띄지 않을 만큼 으슥하고 아늑한 공간이 중요하다."[29] 그는 사람들이 시간대별로 다른 커피를 소비한다고 말한다. 모닝커피가 하루의 일을 시작하기 위한 각성의 기능적 커피라면 점심 식사 후 바로 마시는 커피는 테이크아웃으로 들고 다니며 마시는 커피로 컵에 표시된 브랜드가 중요한 지위재다. 그리고 오후 4시의 커피는 대화를 위한 커피다. 커피를 테이크아웃하는 소비자가 아닌 카페에 앉아서 마시는 대부분의 소비자는 공간의 분위기를 소비한다.

국내 고급 커피의 대명사라고 할 수 있는 테라로사의 김용덕 대표는 커피를 파는 카페의 중요한 포인트 중 하나가 장소라며 다음과 같이 말한다. "18~19세기 프랑스 파리나 오스트리아 빈에서는 카페 문화가 한창이었다. 당시엔 '당신이 가는 커피집이 어디냐고 말하면 당신이 어떤 사람인지 말하겠다'는 말이 있었을 정도다. 내가 가는 공간이 나의 안목과 나의 사회적 위치를 말한다. 과거 루소 등 철학자는 커피 한잔을 마셔도 꼭 자신이 가는 카페에만 갔다."[30]

스타벅스는 집도 사무실도 아닌 편안하게 머물 수 있는 '제3의 공간'을 제공하는 공간 플랫폼 비즈니스를 하고 있다. 커피를 살 수 있는 장소일 뿐 아니라 휴식을 위해 머무를 수 있는 제3의 공간, 집 밖의 또 다른 안식처를 제공하고 있는 것이다.[31] 스타벅스 회장 하워드 슐츠Howard Schultz는 2001년 오스트리아 비엔나 오페라하우스 맞은편에 스타벅스 매장을 열면서 다음과 같이 말했다. "전 세계의 우리 고객들은 우리 스타벅스 커피 하우스를 비엔나의 다른 커피 하우스들처럼 자신의 집이 아닌 또 다른 집으로 생각할 것입니다. 집과 직장의 틈새에서 친구들을 만날 수 있는 오아시스처럼 느낄 것입니다."[32]

스타벅스 회장의 축사에서 흥미로운 지점은 스타벅스가 파는 커피 맛에 대한 이야기는 없다는 것이다. 커피 전문점에서 일정 수준 이상의 커피 맛은 기본이다. 스타벅스는 단지 커피가 아니라, 멋진 경험, 휴식, 커뮤니티와 인간관계 형성의 기회를 마련하는 오아시스, 공간 제공을 주된 비즈니스로 규정하고 있는 것이다.[33] 슐츠 회장은 모든 스타벅스 매장은 고객이 보고, 만지고, 듣고, 냄새 맡고, 맛볼 수 있는 경험의 품질을 높이기 위해 신중하게 설계되었다고 밝힌다. 몇 년 전 스타벅스는 '영혼을 채우는 공간'으로 새롭게 비즈니스 포지셔닝 전략을 확정했다. 스타벅스는 공간의 분위기를 위한 편안한 조도에 심혈을 기울이고 있다.[34]

스타벅스는 스스로 그들이 파는 것은 커피가 아니라 문화라고 밝히고 있다. 스타벅스를 입점시키면 건물과 주변의 가치가 상승하기 때문에 '벅세권'이라는 유행어가 생긴 것을 보면 스타벅스의 본질을 공간 가치 창출업이라고 생각할 수도 있다.

공간, 도시, 건축과 인테리어는 우리의 삶에서 가장 큰 영향을 주는 예술적 형식이라고 할 수 있다. 그곳에서 우리는 매일 일하고, 쇼핑하고, 종교 생활을 한다. 너무나 가깝고 익숙하기에 우리는 공간이 존재한다는 인식조차 하지 않거나 공간의 비용과 가치, 효용에 대해 생각하지 않는 경향이 있다. 그러나 기업이나 개인 가운데 공간의 역할과 그 중요성을 감지해 비즈니스를 성공적으로 이끄는 사례는 많다. 현대카드는 적극적으로 라이브러리라는 공간을 중요한 유혹의 장치로 삼았고, 젠틀몬스터는 공간 체험을 브랜딩의 주된 전략으로 삼았다. 스티브 잡스는 2010년 뉴욕 맨해튼 5번가 애플스토어의 인테리어 디자인을 미국 특허청에 상표 등록했다. 그리고 이 디자인은 잡스의 사망 후 2013년, 2년 9개월 만에 상표 등록 허가를 받았다. 잡스가 비즈니스와 브랜드의 경험에서 공간을 얼마나 중요하게 다루고 있었는지 시사하는 행보다. 스티브 잡스에게 비즈니스 플랜이 못이라면 공간은 그 못을 박는 망치였다.

5년 걸릴 일을 5일 만에 할 수 있다면?

1996년 BBC는 런던의 시티 앤드 이즐링턴 칼리지City&Islington College 학생들을 대상으로 미셸 토머스Michel Thomas가 진행한 5일간의 프랑스어 전일 학습 과정을 〈언어의 마스터The Language Master〉라는 제목의 다큐멘터리로 방영했다.[35] 토머스는 11개 국어에 능통했던 언어학자로 그만의 독특한 학습 방법론으로 유명했다. 그는 강제 수용소에서 살아남은 연합군 스파이이

자 심문관으로 전후 2000명 이상의 나치 전범을 잡아낸 사람이었다. 자신의 독특한 이력을 통해 모호함으로 야기된 마음의 상태, 불확실성이 감정을 증폭시킨다는 사실을 경험적으로 알고 있었다. 마음속에 불확실성이 자리 잡고 있으면 불안은 한층 고통스러워지고, 기쁨은 더욱 크게 느껴진다. 그는 프랑스어 수업에서 "가장 중요한 것은 학습과 관련된 모든 긴장감과 불안감을 없애는 것"이라고 말한다. 그는 학습 분위기, 공간의 분위기에 각별히 신경을 썼다.[36]

토머스는 사람이 학습할 수 있는 것 중에 '가장 이질적인 것'이 새로운 언어이고 학생들의 마음은 이 이질적인 요소의 침입을 막기 위해 본능적으로 방어막을 치기 마련이라고 말한다. 언어를 가르치는 교사가 가장 먼저 해야 할 과제는 장벽을 허무는 것이다. 여기에서 중요한 것이 공간의 분위기다. 불안한 환경의 일반적인 강의실에서 벗어나 차분하게 호기심을 느낄 수 있는 분위기가 절대적으로 필요하다는 것이다.

토머스는 수업을 시작하기 전 일반적인 강의실 가구와 집기들을 바꿨다. 등받이가 높은 고급 안락의자를 타원형으로 배치하고, 푸른색 커튼을 친 다음 조명을 낮추고, 안락의자 주위에는 병풍을 둘러 강의실의 딱딱한 분위기와는 전혀 다른 편안하고 아늑한 분위기로 불안한 환경을 개선했다. 그만의 독창적인 언어 교육 수업은 5일간 이어졌고 수업이 끝난

후 학생들은 5일간의 수업으로 대략 5년 정도 배워야 가능할 수준의 프랑스어를 습득한 것 같다는 평가를 내렸다.

공간은 우리에게 정신적, 심리적, 육체적으로 큰 영향을 미친다. 과연 우리 학교의 공간은 학습을 도와주고 있는가? 아니면 학습을 방해하고 있는가? 공간은 사용 목적에 따라 사람들의 심리를 신중하게 고려해 설계해야 한다. 공간은 우리의 활동에 영향을 미친다. 다시 말해 공간을 구성하는 모든 요소들은 우리 몸의 긴장과 흥분, 또는 이완과 평온을 만든다.[37]

조용한 집이나 학교 도서관보다 적당히 시끄러운 카페에서 더 공부가 잘되는 이유도 마찬가지다. 약간의 소음이 심리적 안정감을 주기 때문이다. 백색 소음이라고 불리는 소리다. 빗소리, 라디오 잡음, 카페의 일상 소음처럼 균등하고 일정한 저주파 대역의 소리로 귀에 쉽게 익숙해지기 때문에 주변 소음을 덮는 기능도 한다.[38] 이러한 소음은 작업을 방해하지 않고, 오히려 인간 뇌파의 알파파를 자극해 집중력을 높이는 것으로 알려져 있다.

인간은 왜 이렇게 사소해 보이는 여러 요소에 영향을 받을까? 인간은 진화해 오면서 주변 환경에 반사적으로 적응하고 반응하는 방법을 익혀 왔다. 우리가 스스로 인지하지 못하는 찰나의 순간에 뇌는 주변을 읽고 몸과 생각을 거기에 맞춰 다른 일에 필요한 에너지를 아낀다. 그 짧은 시간에 뇌는 끊임없이 주변을 훑어 단서를 뒤지고 그 정보를 이용해 이상적인 접근법을 선택한다. 공간이 사람에게 미치는 영향이 클 수밖에 없는 이유다.[39] 사람들은 감정적으로나 육체적으로 주변 공간에 민감하게 반응하고 있다.

비즈니스의 영역에서도 생산성을 높이는 공간에 대한 관심이 높아지고 있다. 이는 산업 지형의 변화와 밀접한 관련이 있다. 세계경제포럼에서 발표한 2006년과 2016년 세계 10대 기업을 비교해 보면 2006년에는 에너지, 전기 전자, 금융 등의 다양한 주요 기업들 가운데 마이크로소프트가 유일한 IT 기업이었다. 그러나 2016년에는 지형이 크게 바뀌었다. IT 기업인 애플, 구글, 마이크로소프트, 아마존, 페이스북(현 메타)이 1위부터 5위를 차지했다. 산업 지도의 중심이 제조업에서 첨단 지식 정보 산업으로 바뀌었음을 확인할 수 있는 자료다. 지식 정보 산업은 구성원들의 창의력, 상상력이 기반이다. 시스템과 조직 문화를 바탕으로 경영하는 제조 기업의 시대에는 개인의 상상력이 크게 요구되지 않았다. 그러나 정보 산업에서 조직원의 상상력은 기업의 성장과 운영에 필수적이다. 직원들의 창의적인 활동을 지원하기 위해 최근 정보 산업 기업의 업무 공간은 크게 달라지고 있다.

구글이나 메타 등의 사무실은 전통적인 업무 공간과는 다르다. 부서별로 위계에 따라 오와 열이 맞춰져 있는 전통적인 사무실은 정확성이 요구되는 작업의 성과를 올리는 데에 최적화되어 있다. 창조적 사고가 필요한 일에는 해로울 수 있다.[40] 최근의 IT 기업 사무실이 주는 산만한 느낌은 백색 소음처럼 약간의 어수선함이 작업의 집중도를 높인다는 사실에 착안하고 있다. 기업의 생산성 증대를 위한 공간 연구의 결과인 것이다. 스티브 잡스는 픽사 사옥을 만들 때 창의성은 우연한 만남이나 논의에서 나오는 것이라며 "건물이 독려하지 않으면 뜻밖의 발견으로 야기되는 혁신과 마법을 상당 부분 잃을 수도 있다"고 했다.[41]

교실 환경을 바꾼 토머스의 시도는 중요한 질문을 던지고 있다. 공간이 목적에 부합하는 방식으로 기능하고 있느냐 하는 것이다. 학교는 학습에 집중할 수 있는 공간이, 기업 사무실은 생산성을 높일 수 있는 공간이 되어야 한다. 공간의 분위기가 성과를 만든다.

공간이 뇌에 미치는 영향

건축가 루이스 칸Louis Kahn이 설계한 소크 연구소Salk Institute는 20세기의 가장 위대한 건축물로 꼽힌다. 태평양이 내려다보이는 아름다운 연구소를 설립한 의학자 조너스 소크Jonas Salk는 공간이 사람에게 영향을 미친다는 사실을 경험으로 확신하고 있는 사람이었다. 그는 미국에서 소아마비 백신을 개발하다

교착 상태에 빠졌을 때, 잠깐의 휴식을 위해 이탈리아 중부 아시시Assisi에 머물렀다. 그리고 뜻하지 않게 그곳의 햇빛, 아름다운 풍광, 바실리카Basilica of San Francesco 성당이 주는 경건한 분위기에서 백신 개발에 필요한 문제 해결책을 떠올리게 되었다. 소크는 아시시에서 받은 영감을 가지고 연구를 진행한 끝에 백신 개발에 성공했다.

아시시에서의 경험을 통해 공간이 창의적 영감을 준다는 믿음을 갖고 있었던 소크는 개인 연구소를 설립하면서 아시시와 비슷한 장소를 찾으려 했다. 그리고 캘리포니아 남부 샌디에이고 근처의 라호야La Jolla를 선택했다. 그는 루이스 칸에게 자신이 아시시에서 어떤 체험을 했는지 이야기하면서 연구원들의 상상력에 영감을 줄 수 있는 공간을 설계해 달라고 의뢰했다. 1965년, 건축가들이 죽기 전에 꼭 가봐야 하는 건물로 꼽히는 연구 센터 소크 연구소가 탄생했다.[42] 칸이 설계한 파격적인 높은 천장과 큰 창, 열린 공간의 소크 연구소는 실제로 연구원들에게 영감의 자극제가 되었다. 개인이 설립한 연구소인 그곳에서 노벨상 수상자가 무려 11명이나 배출되었다.

흥미롭게도 바로 이 연구소에서 공간 환경이 인간의 뇌에 영향을 미친다는 과학적 증거가 나왔다. 지금까지 과학자들은 성인의 뇌를 재생할 수 없다고 여겼다. 1998년 소크 연구소의 프레드 게이지Fred Gage는 인간의 뇌가 죽기 전까지 새로운 뇌세포를 만들어 낸다는 사실을 발견했다. 새로운 학습과 기억을 관장하는 부위인 해마에서 매일 수천 개의 신경 세포 뉴런이 생성되는 것을 밝힌 것이다. 그는 2007년에는 쥐를 대상으로 한 실험에서 공간적 환경이 뇌의 성장에 미치는 영향을 살펴보았다. 물과 음식만 제공되는 아무것도 없는 공간 환경과 다양한 자극을 받을 수 있는 미로를 조성한 공간 환경에서 쥐의 뇌를 비교한 것이다. 미로를 조성한 환경에서는 매일 음식과 물, 미로의 위치를 바꿔 주었는데, 쥐의 뇌 활동은 크게 증가했다. 미로 환경에서 생활한 쥐의 뇌 크기는 15퍼센트 정도 커졌고 새로 만들어진 뉴런들이 이미 존재하고 있었던 뉴런들보다 더 많이 사용되고 있었다. 이 발견은 공간이 뇌와 신체에 영향을 미친다는 최초의 과학적 증거로 꼽힌다. 인간은 새롭고 흥미로운 공간들을 마주하면 새로운 체험을 담을 신경 세포를 수천 개씩 만드는 것이다.

공간 환경이 뇌를 활성화함은 물론 새로운 뇌세포 생성에 관여한다는 과학적 사실은 공간을 크게 인식하지 않으며 생활하는 많은 사람들에게 충격을 준다. 우리 삶의 공간이 우리의 뇌를 건강하게 할 수도 있고, 반대로 뇌의 활동을 퇴보하게 만들 수도 있기 때문이다. 따라서 공간 디자인은 단순히 기능적, 심미적인 차원을 넘어서는 인간의 건강과 관련된 분야라고 할 수 있다. 게이지는 2011년 〈건물에 감춰진 생활The Secret Life of Buildings〉이라는 제목의 영국 채널 포Channel 4 다큐멘터리 프로그램 인터뷰에서 건축이나 공간 환경이 인간의 뇌의 활동에 큰 영향을 미치기 때문에 공간 디자인 전문가와 신경과학자들이 함께 인간의 능력과 활동을 증진할 수 있는 공간 환경을 연구해야 한다고 말했다.

  소크 연구소를 설립한 소크는 의학자임에도 미국 건축학회에 참석해 회원들에게 건축 공간과 창의력의 관련성에 관한 연구를 해달라고 요청했다. 그의 의지와 자금 지원을 바탕으로 2003년 신경건축학회Academy of Neuroscience for Architecture가 설립됐다. 현재 신경건축학 연구는 크게 두 가지 가정에 기반을 둔다. 하나는 '인간의 인지 사고 과정은 공간적 요소들에 직간접적으로 영향을 받는다'는 것이고, 다른 하나는 '인간이 공간으로부터 받은 인지적 영향은 측정 가능하다'는 것이다.[43]

  신경건축학의 주된 관심은 공간을 통한 인간의 행복이다. 실제로 천장의 높이가 다른 공간에서 문제와 퍼즐을 풀게 했을 때, 높은 천장이 있는 공간에서 있었던 사람들이 좀 더 자유롭고 창의적인 경향을 보였고, 천장이 낮은 쪽에서는 정해진 범위의 일을 꼼꼼히 처리하는 데 강점을 보였다는 연구 결과도 있다.[44] 소크는 뇌 과학자들과 건축학자들이 함께 공간의 영향을 연구할 필요가 있다고 했다. 앞으로는 인간 삶의

터, 공간이 인간에 미치는 영향에 관한 연구가 활성화될 것이고 우리의 공간 환경에도 많은 변화가 생길 것이다.

오감으로 느끼는 공간 경험 ; 젠틀몬스터

기업의 메시지를 가장 효과적으로 전달하는 방식은 시각뿐 아니라 오감 모두에 호소하는 것이다. 슈퍼마켓이 매장 입구에 꽃 판매 코너를 두고, 백화점이 향수·화장품 코너를 1층에 배치하는 이유는 입장할 때 향기로 긍정적 이미지를 심어 주기 위해서다. 록펠러대학교가 수행한 인간의 감각 기억에 대한 연구에 따르면 인간은 만진 것의 1퍼센트, 들은 것의 2퍼센트, 본 것의 5퍼센트, 맛본 것의 15퍼센트, 냄새 맡은 것의 35퍼센트를 기억한다.[45] 비즈니스 사상가 톰 피터스가 고객 만족을 좇지 말고 고객 체험을 제공하는 데 초점을 맞추라고 조언하는 이유다. 경험은 단순한 서비스보다 훨씬 더 전체적이고 포괄적이며 감성적이고 강력하다. 피터스는 경험 experience과 함께 등장하는 연관 단어를 다음과 같이 정리했다. 에피소드, 사건, 만남, 모험, 지각, 삶, 존재, 맛보다, 느끼다, 체험하다, 겪다. '맛보다'를 제외하고는 모든 단어가 공간과 관련되어 있다.[46]

2011년 탄생해 국제적으로 급성장하고 있는 아이웨어 전문 브랜드 젠틀몬스터는 브랜드를 처음 알리는 단계에서 공간적 경험을 통해 브랜드의 인지도를 구축하는 '경험의 브랜드화' 전략을 택했다. 경험의 브랜드화란 브랜드와 접촉하는 과정에서 독특한 경험을 창조함으로써 고객이 브랜드의 가치를 인식하게 하는 전략이다.[47] '유행을 주도하는 트렌드 세터들을 위한 독특하고 차별화된 브랜드'를 목표로 하는 젠틀몬스터는 독특한 제품 디자인과 더불어 방문의 문화적 동기를 자극하는 브랜딩 캠페인을 통해 브랜드 구축에 성공했다.

젠틀몬스터의 김한국 대표는 젠틀몬스터 매장을 통해 세 가지 콘셉트를 일관되게 구현한다. 예측 불가능함unpredictable, 기이한 아름다움weird beauty, 인식력perception이다. 젠틀몬스터의 매장들은 각기 다른 환상적이고 동화 같은 스토리를 갖고 있다. 홍대 플래그십 스토어 '더 로켓THE ROCKET'은 반려견을 먼저 떠나보낼 수밖에 없었던 남자가 노인이 되는 과정 속 느끼게 된 열망, 맹목 그리고 갈등을 다루고 있다. 이야기의 화자인 노인은 꿈속에서 보았던 미지의 행성에서 뛰노는 반려견에게 가기 위해 로켓을 만들기로 결심한다. 이 스토리는 1층부터 3층까지 이어지는 예측 불가능한 공간 구성 속에 담겨있다.[48] 2018년 문을 연 신사동 플래그십 스토어는 흰 까마귀의 이야기다. 괴생명체에게 침략을 당해 터전을 빼앗긴 까마귀들의 이야기가 공간의 흐름과 함께 순차적으로 펼쳐진다.[49]

처음 매장을 방문한 고객이 '미친 거 아냐?'라는 반응을 보일 정도로 독특한 공간을 만들기 위해 젠틀몬스터 디자이너들은 실제로 '어떻게 미칠까?', '어떻게 미친 걸 보여 줄까?'를 질문한다고 한다.

스토리를 중심으로 한 젠틀몬스터의 스페이스 브랜딩은 세 분야 디자이너들의 팀 작업으로 완성된다. 공간, 오브제, 키네틱(kinetic, 움직임)을 담당하는 디자이너들이 팀을 이루고 총괄은 공간 디자이너가 맡는다. 모두 외부 전문가가 아닌, 젠틀몬스터의 콘셉트를 뼛속까지 알고 있는 사내 디자이너다. 이들은 강렬한 설치 예술 작품, 숨겨진 연극 무대 등으로 고객을 끌어들인다. 방문한 사람들은 사진을 찍어 SNS에 올리고, 이 게시물들은 자연스럽게 화제를 일으킨다. 충성 고객들은 제품인 안경을 보기 위해서가 아니라 공간을 경험하기 위해 매장을 방문한다. 그리고 공간으로 만들어지는 젠틀몬스터에 대한 긍정적 인상은 제품 구입으로 이어진다. 고객은 공간에서 경험한 것을 공유하기 위한 촉매로서 제품을 구입하고 착용한다. 젠틀몬스터의 선글라스를 구입한다는 것은 타인과 함께할 이야기의 소재를 구입하는 것이다.

안경은 제품의 특성상 구매 전에 착용해 보는 것이 중요하다. 구매하려면 매장에 방문해야 하는 제품이라고 할 수 있다. 매장에 꼭 방문해야 하는 비즈니스라면, 고객의 방문에 투입되는 시간과 경비 등을 보상할 수 있을 만한 예술적 경험을 제공하는 접근 방식이 필요하다. 젠틀몬스터의 선택은 치밀한 마케팅 전략이라고 해야 할 것이다. 과연 젠틀몬스터가 제품 디자인과 개발에만 집중하고 공간 구축을 마지막 단계로 삼았다면, 적당히 유명한 외부의 공간 디자이너에게 의뢰해 스토어를 만들었다면, 지금의 젠틀몬스터가 있었을까? 공간을 비즈니스 브랜딩의 핵심 플랫폼으로 삼고 스페이스 브랜딩을 도전적으로 진행한 젠틀몬스터는 현명했다.

3 커뮤니케이션과 영감의 공간

공간은 몸의 기억이다

맛있는 스테이크 앞에서 우리는 감동한다. 나무판 위 주물 그릇에 놓인 소고기의 지글거림과 침샘을 자극하는 향기, 테이블보의 부드럽고 깨끗한 감촉과 포크, 나이프의 차가운 촉감 그리고 마지막으로 입속에서 퍼지는 맛까지 모든 과정이 종합적으로 스테이크에 대한 경험을 만든다. 혀의 감각만이 음식과 관계있다고 생각하기 쉽지만 실제로 음식의 맛은 레스토랑의 분위기, 주변 사람의 대화 소리, 직원의 인상, 앉아 있는 테이블의 위치, 주방에서 흘러나오는 냄새 등과도 관련된다. 음식은 미각을 넘어 오감이 관여하는 기억을 만든다.

실제로 우리가 코를 막고 양파즙을 먹으면, 양파즙과 사과즙의 맛을 구분하기 힘들다는 연구 결과도 있다. 양파의 맛을 판단하는 데에는 냄새로 인한 코의 자극이 중요한 것이다. 이렇게 어떤 경험을 할 때 우리의 감각 기관은 다른 감각 기관을 보완해 주며 하나의 중심 감각을 강화시킨다. 모든 감각 기관이 상보적으로 그 음식에 대한 기억을 만들고 있는 것이다.

공간에 대한 기억은 어떨까? 공간 체험의 많은 부분은 시각에 의존하는 것이 사실이다. 실제로 뇌에 전달되는 모든 자극의 3분의 2는 시각적인 것으로 알려져 있다.[50] 시각적 정보가 뇌에 전달되면 순식간에 감정과 기억, 통제, 학습과 같은 활동이 동시다발적으로 일어난다. 특히 눈 뒤의 안와 전두엽은 정서적 보상 반응과 쾌감을 일으키는 것으로 알려져 있다. 우리가 아름다운 것을 볼 때 이 부분이 활성화된다고 한다. 이를 통해 인간은 아름다운 어떤 것을 보면 스스로 의식하기도 전에 아름답다고 느끼는 '감'이 형성된다.

시각을 돕는 다른 감각 기관들 역시 공간 체험을 확장하고 강화한다.[51] 공간은 눈으로 보는 것뿐 아니라 소리를 듣고 냄새를 맡는 것으로도 느껴진다.[52] 우리 몸의 감각은 모두 연결되어 있기 때문이다. 우리는 오감을 통해 공간을 체험하고 소비한다. 바로 공감각적 체험이다. 우리는 바라보는 동시에 피부로 느끼며, 냄새 맡고, 듣고, 만진다.[53] 이런 관점을 프랑스 철학자 메를로 퐁티Merleau Ponty는 이렇게 표현한다. "나의 지각은 시각적, 촉각적, 청각적으로 주어진 것의 합이 아니다. 나는 나의 존재 모두를 이용하여 전체적인 방식으로 지각한다. (…중략…) 대상이 내 모든 감각에 대해 동시적으로 말하고 있기 때문이다"[54] 여기서 '나의 존재 모두'가 바로 우리의 '몸'이다. 시각에 청각, 후각, 미각, 촉각 등의 감각이 총동원되어 개개인에게 의미가 되는 체험적 기억, 공간 경험이 되는 것이다.

경험과 체험은 비슷하면서도 다르다. 건축학자 김광현은 공간의 경험과 체험을 다음과 같이 구분한다. "경험과 체험은 뚜렷하게 구분되지는 않으나, 경험은 '자신이 실제로 해보거나 겪어봄 또는 거기서 얻은 지식이나 기능'을 뜻하고 체험은 '자기가 몸소 겪음 또는 그런 경험'을 뜻한다. 체험은 몸소 겪는 것에 초점이 있고, 경험은 지나온 과정에 초점이 있다. 체험은 그 상황을 몸으로만 느끼는 것이지만, 경험은 체험에 사색이 더해지고 자신의 것으로 만드는 것이다."[55] 경험은 체험에 자신만의 사색, 이미 체험했던 것이나 경험으로 축적된 것들과 연결되며 만들어진다. 결국 경험은 체험을 통해 만들어진다.

공간 체험에서는 오감과 더불어 중요한 관점이 하나 더 있다. 바로 움직임이다. 공간 체험은 사진이나 그림처럼 비연속적인 것이 아니라, 움직임을 동반한 연속적 체험이다. 인간은 연속 체험으로 공간 감각을 강화한다.[56] 우리는 공간 속에서 한곳만 응시하지 않는다. 눈동자는 자신도 모르게 움직이고, 두리번거리기도 하고, 걸어 다닌다. 만약 고정된 자세로 눈을 고정하고 한곳만 오랫동안 바라보고 있는 형상이 있다면, 그것은 조각 작품이거나 길거리 마임을 하는 사람일 것이다. 인간은 움직이는 것이 자연스러운 존재다. 공간은 이렇게 자연스러운 움직임 가운데 몸의 감각적 정보 연합을 통해 체험된다. 인간은 공간을 움직이는 몸을 통해 기억한다.[57]

우리는 공간적 상황을 거의 2초 안에 어떤 감으로 판단한다. 이 감은 이미 우리가 갖고 있는 기억의 상호 작용으로 만들어 진다. 이 감이 특정한 의미의 구체적 장소 감각 또는 장소의 정체성으로 기억되는 단계, 즉 상징적 의미의 체험으로서 기억이 될 때 비로소 공간 경험이 된다.[58] 우리가 몸으로 느끼는 공간의 감동은 어떤 사진으로도 재현할 수 없다. 사진은 체험의 기억을 쉽게 재생하게 하거나 기억을 좀 더 구체적으로 만들어 줄 뿐이다. 최근 기술의 발전으로 입체 촬영이나 증강 현실AR, 가상 현실VR 등이 등장하고는 있지만 오감을 통한 현장의 공간 체험을 똑같이 재연할 수는 없다.

우리의 몸은 공간을 기억하고 상상하는 능력을 갖고 있다. 몸을 통한 공간 체험은 기억 및 공상, 상상의 이미지가 융합되어 완성된다.[59] 공간 체험은 감각, 마음, 정신에 대해 촉발된 자극이고 좋은 체험이란 즐거운 감성적 기억이와 이성적 신뢰, 꿈을 만든다.[60] 이것이 현대 비즈니스 세계에서 공간을 중요한 비즈니스의 플랫폼으로 인식해야 하는 중요한 이유이다. 조지프 파인Joseph Pine과 제임스 길모어James Gilmore는 《체험의 경제학》에서 소비의 시대를 넘어 경험의 시대로 진입한 현대 사회의 체험을 기억의 상품으로 규정한 바 있다.[61]

공간 GPS와 데자뷔

몸을 통한 공간 체험과 기억을 과학적으로 검증할 수 있을까?

앞서 이야기한 몸과 감은 다소 추상적으로 들리는 단어다. 최신 뇌 과학은 그에 대한 과학적 해답을 준다. 처음 가본 공간에서 마치 예전에 분명히 와본 적이 있는 것 같다는 느낌을 받은 경험이 있을 것이다. 데자뷔déjà vu라 부르는 현상이다. 기시감既視感이라고도 하는 데자뷔 현상은 "처음 접하는 사물이나 풍경 또는 사건인데도 예전에 보았던 것처럼 느껴지는 현상"이다. 심리학자들은 그 이유를 인간의 착각이라고 설명해 왔다. 인간이 심리적, 육체적으로 피로할 때면 처음 보는 것도 전체적 이미지나 특징들이 부합한다는 이유로 이미 본 것으로 느낀다는 것이다.[62]

그러나 데자뷔가 너무 생생한 기억으로 떠오르는 경험을 한 사람들은 이런 해석에 의문을 가진다. 심리학자들의 설명은 아무래도 부족하다. 1971년 영국의 연구자 존 오키프John O'keefe는 쥐의 해마에서 특이하게 반응하는 뉴런이 있음을 발견했다. 쥐의 뇌는 인간과 가장 유사한 생물학적 구조를 갖고 있는 것으로 알려져 있다. 그런 쥐의 해마에 공간을 인식하고 기억하게 하는 위치 정보 시스템으로서 '장소 뉴런place neuron'과 '그리드 뉴런grid neuron'이 있다는 것이다. 장소 뉴런은 공간의 특정한 모양새를, 그리드 뉴런은 장소와 장소를 연결하는 점nodes을 인식하고 시간과 거리를 저장하며 뇌에 GPS 위치 정보 시스템을 만든다. 이 두 종류의 공간 뉴런을 밝힌

존 오키드와 두 명의 과학자들은 2014년 노벨 생리 의학상을 수상했다.[63] 그들의 연구를 통해 우리 뇌가 공간과 거리를 3차원적으로 특별히 인식하고 뇌의 특정한 장소에 기억으로 저장하고 있음을 과학적으로 확인하게 되었다.

공간에서의 어떤 에피소드, 사건은 장소 정보와 함께 뇌에 저장된다. 데자뷔는 착각이 아니고 실제로 뇌에 기록된 것이다. 우리가 느끼는 생생함은 뇌의 해마에 저장되어 있는 GPS 정보 때문이다. 특정한 장소에서의 에피소드는 매우 구체적인 공간 기억으로 저장된다. 앞서 말한 인간의 감이란 바로 현재 체험하고 있는 공간과 이미 경험한 공간 기억들 사이의 지평을 이동하며 프로세싱하는 뇌의 판단이다. 몸을 통한 신체 감각은 기억이 성립하기 위한 전제 조건이다. 몸의 기억은 뇌에 구체적으로 기록되어 현재의 인식과 소통하며 역동적으로 변화한다.[64] 미학적 마케팅으로 유명한 컬럼비아대 경영대학원의 마케팅 전문가 번트 슈미트는 "마케팅의 유일한 목적은 바로 가치 있는 고객 경험을 창조하는 것이며, 그것이 훌륭한 비즈니스다. 당신의 고객은 당신의 그러한 노력에 고마워하고, 당신의 사업에 충실한 고객이 되며, 높은 비용을 지불할 것이다"라고 말한다. 시장 주도의 환경에서 소비자들의 눈길을 끌고 감성에 호소하는 체험을 계획하는 것이 비즈니스의 핵심이 되었다는 것을 강조하는 말이다.[65] 인간이 공간에 대한 특별한 반응, 기억을 갖고 있다는 것이 확인되었다면 고객 경험 창출 비즈니스에서 공간을 어떻게 다루어야 할 것인가는 당연히 기업의 핵심 전략이 될 수밖에 없다.

공간은 시간이다

공간空間이라는 단어는 한자로 풀어 보면 사이가 비어 있다는 뜻이다. 노자는《도덕경》11장에서 그릇은 비어 있기 때문에 쓰임새가 있음을 이야기했다. 공간도 그렇다. 비어 있다는 사실에 공간의 유용성과 존재론적 목적이 있다. 공간이 비어 있기 때문에 사람들은 움직이고 경험한다. 바로 공간적 유희다. 이탈리아의 가장 영예로운 디자인상인 황금 콤파스상을 세 번이나 받았던 이코 밀레오레Ico Migliore[66]는 공간을 나무에 비유한다. 나무의 형상을 보면 대부분의 공간은 비어 있다. 95퍼센트의 비어 있는 공간을 통해 우리는 반짝이는 빛을 보기도 하고 바람에 흔들리는 잎사귀의 그림자를 경험하기도 한다. 사람들은 나무의 비어 있음을 통해 나무를 경험하고 나무라는 형상을 온전하게 인식한다. 결국 우리가 공간 디자인을 한다는 것은 비어 있음을 디자인하는 것이고, 궁극적으로는 '비어 있음에 인간의 경험, 유희를 담아내는 것'이다.

우리의 경험은 움직임으로 만들어진다. 움직임에는 시간時間이 개입된다. 공간을 디자인할 때는 시간, 경험, 움직임을 디자인할 수 있어야 한다. 시간의 측정법이 필요한 이유다. 보통 디자이너는 거리의 기준이 되는 미터법으로 공간을 디자인한다. 미터법은 공간의 물리적 크기만을 대변하는 측정법이므로 물리적 크기만을 다루는 오류에 빠지기 쉽다. 이에 반해 시간의 개념으로 공간을 디자인하려 하면 디자이너는 인간의 경험을 디자인하게 된다.

사람들은 어디를 찾아가고자 할 때 몇 분 걸리는지 묻는다. 거리가 몇 미터인지 묻지는 않는다. "얼마나 먼가?"라고 묻지 않고 "얼마나 걸리나?"라고 묻는다. 인간은 공간을 물리적 거리 개념이 아닌 시간의 개념으로 인식한다. 일본 그래픽 디자이너인 스기우라 고헤이杉浦康平는 출발지에서 목적지까지 걸리는 시간으로 지도를 그려 보았다. 일명 '시간 축 지도'다. 그의 방식대로 그려 보면 명절 기간 서울에서 부산, 서울에서 청주의 거리 가운데 어느 쪽이 더 가까울까? 서울에서 부산까지는 미터법으로 428킬로미터, 청주까지는 123킬로미터이니 세 배 차이다. 그러나 비행기 등 빨리 이동할 수 있는 교통수단을 감안해 시간으로 측정하는 명절 시간 축 지도로는 부산이 청주보다 가깝다.[67] 이렇게 공간과 시간은 연결되어 있다는 것을 인지해야 한다.

공간에서 의미를 발견하다

장기 불황으로 실속형 소비가 늘면서 소비의 흐름도 가치를 중심으로 바뀌었다. 소비자 라이프 스타일은 물질의 소비에서 여행, 문화생활 등 경험으로 이동하고 있다. 요즘 유행하는 용어 '소확행'은 일상에서 느낄 수 있는 작지만 확실하게 실현 가능한 행복 또는 그런 행복을 추구한다는 의미다.[68] 《조선일보》는 20대 이상 여성 314명에게 '100만 원을 써야 한다면 무엇을 하겠는가?'라는 질문을 던지고 설문 조사를 했다. 이 결과는 젊은 세대의 소비에 대한 가치관 변화를 보여 주고 있다. 결과는 '여행을 간다'가 61.8퍼센트, '공연 등 문화생활'이 22.6퍼센트, '명품 가방이나 옷을 산다'가 19.1퍼센트였다.[69] 이제 소비자는 유형의 소비보다는 무형의 경험에 높은 가치를 둔다. 물건은 사회적 비교의 스트레스에 시달리게 하지만, 경험은 온전히 나만의 소유물이 된다.

2015년 화제가 된 SBS의 강연 프로그램 〈삶, 플라톤 아카데미〉에서 심리학자 최인철은 '행복의 요건'이라는 제목의 강연을 했다. 최인철은 행복을 만들고 유지하는 최고의 활동으로 여행을 꼽았다. 그는 소유를 위한 소비에서 오는 행복감은 시간이 지나면 사라지지만 경험은 지속적으로 행복한 이야기를 만들어 낸다고 했다. 우리는 수년 전에 다녀온 여행에 대해 지금도 이야기하고 행복했던 기억을 떠올린다. 어떤 여행은 사람의 인생을 바꾸기도 한다. 최인철은 아이들에게 미래를 위한 선물을 하려면 물건보다 여행의 경험을 선물하라고 했다. 그는 행복하려면 "경험의 이력을 돈으로 사라, 경험을 풍요롭게 하는 소비를 하라"고까지 말한다.

삶의 최고의 가치가 행복에 있고 그 행복을 만드는 최고의 활동이 여행이라는 데 동의한다면, 이제는 여행에서 우리가 보고 경험하는 대상이 무엇인가를 생각해 볼 필요가 있다. 여행의 대상은 대부분 보편적 가치를 지니는 것들이다. 크게는 풍경과 같은 자연 유산, 그리고 인간이 만들어 낸 문화유산, 또는 이 두 가지가 결합된 복합 유산으로 구분할 수 있다. 그런데 이러한 유산들은 대부분 공간과 관련이 있다. 문화유산은 역사적 장소의 다른 이름이기도 하다.

우리가 공간에서 행복을 느껴 왔다는 평범한 사실은 우리의 삶에 있어 공간이 얼마나 중요하고 의미 있는 대상인지를 다시 한번 알려 준다. 우리는 여행에서 인류의 유산이 된 공간을 통해 숭고함, 아름다움, 영원성 등을 체험한다. 그 짧은 여행을 통해서 체험한 공간이 내 삶 속에서 강력한 에너지를 주고, 중요한 행복의 대상이 된다. 일상에서도 마찬가지다. 사람은 어떤 공간에 있느냐에 따라 행복을 느끼기도, 느끼지 못하기도 한다.[70]

소확행과 더불어 다시 등장하는 용어가 '현재를 즐기

라'는 뜻의 카르페 디엠carpe diem이다. 불확실한 미래의 불안감을 떨치고 돈을 많이 쓰지 않으면서 소소하게 기분을 내는 작은 사치가 젊은 사람들의 관심을 받는다.[71] 집에서 책을 보거나 드라마 등을 몰아 보는 혼자만의 활동이 많아지면서 월세방이라도 자신이 좋아하는 적당한 가격대의 가구들로 분위기를 연출하고 셀피를 찍어 소셜 미디어에 올린다. 이런 경향은 사람들이 공간을 행복의 대상으로 의미 있게 바라보고 있음을 시사한다. 우리는 이제 역사 속의 공간뿐 아니라 현실의 삶의 공간에서도 행복을 누리기 시작했다.

세계실내건축가연맹IFI은 디자인 선언을 통해 공간이 더 나은 삶, 행복한 삶의 핵심 요소라는 점을 다음과 같이 밝히고 있다.[72]

"공간을 이용할 뿐만 아니라 아름다움과 의미로 채우려는 것은 인간의 본성이다. 훌륭하게 디자인된 공간은 기능적인 충족을 넘어서 공간에 담긴 심오한 의미를 느끼게 해준다. 우리에게 공간은 매우 중요하다. 왜냐하면 우리는 그 공간 안에서 장소성뿐만 아니라 우리가 어떤 존재이며, 어떤 존재가 될 수 있는가를 경험할 수 있기 때문이다. 사려 깊게 디자인된 공간에서 우리는 배우고, 되돌아보고, 상상하고, 발견하고, 창조한다. 훌륭한 공간은 위대한 창조 문화에 필수 불가결한 요소로서 인간과 아이디어, 그리고 모든 사고의 영역들을 연결해 준다."

공간은 미디어다 ; 현대카드

공간은 고객이 원하는 바를 확인할 수 있는 통로다.[73] 공간, 스페이스는 기업의 꿈을 전하고, 감성적 아우라를 만들 수 있는 최적의 매개로서 심리적, 관계적, 사회적 기능까지도 수행한다. 역사적으로 스페이스 브랜딩을 가장 잘 활용한 영역이 종교와 정치였다. 종교와 정치는 공간을 통해 필요한 강력한 메시지를 전달해 왔다. 성당은 본질적으로 예배를 위한 공간이지만 성당 건축은 우리에게 공간적 경외감을 통해 신앙을 유지하게 한다. 성당을 보는 것만으로 신의 충직한 종이 되도록 했던 것이다.

정치적 사례로는 독일의 건축을 들 수 있다. 독일은 2차 세계 대전 이전의 파시스트 시대, 세계 대전 이후의 민주 공화국 시대라는 두 정치적 시대에 각각 개최된 엑스포에서 전혀 다른 건축 이미지로 국가의 정체성을 표출했다. 1937년 파리 만국 박람회의 독일관은 히틀러의 건축가 알베르트 슈페어 Albert Speer의 신고전주의 디자인으로 권력의 권위적 위상을 나타냈다. 히틀러는 신고전주의 양식과 나치즘을 결합시켜 건축을 나치당을 홍보하는 하나의 대중적 미디어로 활용했다.

당시 150미터 높이의 독일관은 석재를 활용해 호전적이고, 도전적인 인상을 보여 줬다. 이후 민주 공화국 시대인 1958년에 브뤼셀에서 열린 만국박람회에서는 전혀 다른 독일관으로 민주적 이미지를 선보였다. 20세기 독일을 대표하는 건축가 에곤 아이어만Egon Eiermann은 강철과 유리를 사용해 차분한 수평과 부드러움, 가벼움, 그리고 민주주의를 환기하는 투명한 건축을 국제 무대에 선보였다.[74] 이처럼 공간의 인상은 사람들에게 선언적 미디어로 기능한다.

비즈니스를 위한 공간도 마찬가지다. 공간을 비즈니스의 가장 중요한 고객 접점으로 삼아 기업이나 비즈니스의 핵심적 가치를 전달하거나 가치를 확장하는 스페이스 브랜딩의 측면에서 공간은 비즈니스의 핵심을 보여 줄 수 있어야 한다. 고객을 매료시키면서도 추억이 생성되는 독특한 체험 공간으로서 기업이나 비즈니스의 존재를 세상에 알릴 수 있는 공간이어야 한다. 기업이 설립된 장소나 본사, 기업의 역사에 중요한 사건이 있었던 장소 등 기업의 유산과 관련이 있는 곳에서 스페이스 브랜딩의 공간을 조성하면 미디어로서의 기능을 강화할 수 있다.[75]

현대카드는 한국에서 스페이스 브랜딩을 선도하는 기업이라고 할 수 있다. 금융 서비스 회사인 현대카드는 2003년 고유한 커뮤니케이션 전략으로서 전용 서체를 만들어 기업의 레거시로 키웠다. 손바닥만 한 카드에 강렬하면서도 단순한 디자인은 고객이 카드를 사용할 때마다 소유의 프라이드를 느끼게 한다. 디자인 서체를 통한 브랜딩 전략은 현대카드를 디자인 가치 중심 기업으로 대중에게 인식되게 했다.

이후 현대카드는 공간을 중심으로 한 브랜드의 경험화를 선도적으로 진행하고 있다. 현대카드는 스스로를 '고객에게 새로운 라이프 스타일을 제안하는 기업'으로 규정하고 '고객 라이프 스타일 디자이너'로서의 역할을 수행하고 있다.[76] 현대카드가 탄생시킨 공간들은 현대카드의 '삶의 가치와 문화를 새롭게 재해석하고 고객을 위한 진정성 있는 라이프 스타일을 제안하겠다'는 메시지를 충실히 담고 있다. 이정원 현대카드 디자인 랩 실장은 "현대카드 디자인 프로젝트는 브랜드의 철학을 담은 활동"이라고 말한다.[77]

현대카드는 '고객들에게 필요한 공간들이 무엇일까?'라는 질문에 답할 수 있는 라이프 스타일 공간을 제시해 고객에게 숨겨진 욕망을 자극하고 있다. 공간적 혜택으로 고객의 꿈과 현대카드의 철학, DNA를 연결시킨 전략적 스페이스 브랜딩이다. 현대카드는 공간을 통해 브랜드의 프리미엄 포지션을 만들어 냈다. 현대카드가 구축한 공간은 고객과 접촉이 가능한 '터치 포인트'로서, 그리고 현대카드의 브랜드 진정성을 일관되고 지속적인 방식으로 전달하는 헤리티지로서 자리 잡았다.

현대카드는 스페이스 브랜딩의 대주제를 라이브러리로 삼았다. 라이브러리를 통해 한국의 현대 라이프 스타일에 필요한 탈디지털, 디지털 디톡스를 위한 느림과 여유로움의 공간을 제시하고 있는 것이다. 현대카드는 2013년 디자인 라이브러리를 오픈하면서 '몰입의 시간+영감의 공간'이라는 현대카드 라이브러리의 공간적 지향점을 처음 선보였다. 공간에 담기는 콘텐츠인 책들의 큐레이팅에 적용되는 일곱 가지 원칙도 수립했다. '영감을 주거나, 문제의 답을 제시하고, 다양한 범위를 포괄해야 한다. 해당 분야에서 영향력이 있어야 하며, 한 권으로 충실한 콘텐츠를 담고 있어야 한다. 더불어 심미적 가치를 지닌 시대를 초월한 책이어야 한다'는 것이다. 이러한 큐레이팅 원칙은 현대카드의 기업 철학, 디자인 랩의 지향성과 맞닿아 있다.

현대카드의 첫 번째 스페이스 브랜딩 공간인 디자인 라이브러리는 2013년 문을 열자마자 예상보다 큰 고객들의 호응을 얻었다. 현대카드는 바로 이듬해부터 스페이스 브랜딩 프로젝트들을 이어 갔다. 2014년 '발견의 시간+영감의 공간' 트래블 라이브러리, 2015년 '울림의 소리+영감의 공간' 뮤직 라이브러리, 2017년 '채움의 시간+영감의 공간' 쿠킹 라이브러리를 차례로 개장한 것이다. 현대카드는 고객의 문화적 코드와 숨겨진 욕망을 읽어 냈다. 그리고 고객이 기업이 제공하는 서비스를 수용하게 하는 것을 넘어 라이브러리 공간에서 스스로 현대카드 문화와 동조하게 했다.

오프라인 공간의 유용성에 대한 문제의식이 대두되는 시점에서 현대카드의 '브랜드 공간 경험화' 전략은 고객 가치 창출의 선도적 사례를 보여 준다.[78] 현대카드의 스페이스 브랜딩은 심미적 공간 디자인 접근에 중요한 시사점을 전한다. 첫째, 공간을 찾는 고객들은 가장 충성도가 강한 사람들이라는 것이다. 이동의 시간과 경비를 마다하지 않고 찾는 고객들은 기업이 마련한 콘텐츠를 100퍼센트 음미할 수 있는 사람들이다. 둘째, 심미적 공간을 찾는 고객들은 보통 감각이 뛰어난 사람들이다. 이들은 다른 사람들을 설득할 수 있는 능력을 지니고 있다. 셋째, 이러한 고객들의 탁월한 취향 덕분에 기업은 비즈니스의 전통과 개성을 계속 유지할 수 있다.

현대카드의 스페이스 브랜딩은 공유 가치 창출 CSV·Creating Shared Value 프로젝트로 진화하고 있다. 2014년 전통 시장의 정체성과 지속 가능성을 위한 봉평장 프로젝트, 2016년 옛것과 새것의 공존을 통한 새로운 풍경을 제시한 송정역 시장 프로젝트 등이 그것이다. 2018년에는 버려진 섬의 생태계를 다시 설계하는 프로젝트로서 아름다운 자연과 제주도 고유의 섬 문화를 지속시키는 CSV '가파도 프로젝트'를 완성했다. 섬에 어울리지 않는 건물, 버려진 집터 등으로 방문의 매력이 없는 장소가 된 가파도의 본연의 모습을 되찾는 프로젝트였다. 이 프로젝트는 가파도 주민, 제주특별자치도, 현대카드가 6년간 1500번의 회의를 거치고, 최욱 원오원 건축사무소 대표 등 전문가들이 서울과 제주를 2000여 회 왕복하며 600여 명이 참여한 대형 프로젝트라는 기록을 남겼다. 기존의 공간과 새로운 공간은 가파도의 낮은 건물들과 어울리는 방식으로 균형을 맞췄다. 새로 건축한 '가파도 터미널'은 섬과 어울리도록 높이를 낮췄고, 버려진 집들은 원형의 모습을 유지하면서 내부만 개선해 '가파도 하우스'로 재탄생시켰다. 오래된 창고는 주민들의 소통을 위한 마을 강당으로 재생하고, 가파도 어업 센터는 트렌디한 공간으로 설계해 마을 주민들이 가파도 고유의 맛을 제공하는 레스토랑, 스토어, 키친, 아카이브 룸 등 편의 시설로 구성했다. 25년 동안 작은 섬에 방치되어 있었던 지하 구조물을 재생한 '아티스트 인 레지던시'로 문화와 예술의 요소도 더했다.

현대카드는 가파도의 지속 가능한 미래를 목표로, 자연과 문화를 연결한다는 진정성을 담은 스페이스 프로젝트를 성공시켰다. 가파도 프로젝트는 주민의 삶, 자부심, 경제 활성화에 기여하는 CSV 프로젝트인 동시에, 새로운 스토리로 방문의 유혹을 창출하면서 현대카드라는 브랜드의 진정성을 경험하는 새로운 차원의 스페이스 브랜딩이다.

지금까지 기업과 브랜드의 신뢰성을 평가할 때, 그 기준은 외적으로 나타나는 규모나 실적이었다. 그러나 이제 신뢰성은 기업이나 브랜드의 투명성이나 지역 사회의 문제 해결을 위한 기여로 평가된다. 지금까지 CEO의 가장 큰 임무가 혁신적 제품과 서비스를 창조하는 것이었다면, 이제 CEO 임무의 대부분은 기업의 신뢰를 향상시키는 것이다. 커뮤니케이션 마케팅 에이전시 에델만Edelman의 〈2019년 에델만 신뢰도 지표 조사〉에 의하면 한국 기업인 응답자의 65퍼센트가 "회사는 이익 증대와 동시에 소속된 지역 사회의 경제 및 사회적 여건 향상을 위한 구체적 행동을 취할 수 있다"는 생각에 동의한다고 답했다.[79] 기업의 신뢰도를 높이기 위해서 적극적으로 공공 분야에 참여해 지역 사회의 이익을 늘리고, 경제적, 사회적 환경 개선에 참여해야 한다는 공감대가 확산되고 있는 것이다. 이런 차원에서 공간은 기업의 가치, 진정성을 소통하는 훌륭한 미디어다.

4

스페이스 브랜딩의 4원칙

공간으로 차별화하라

이미 많은 기업들은 행복 체험의 대상이 되는 공간을 비즈니스의 플랫폼으로서 중요하게 다루고 있다. 무형의 체험 상품이 가장 큰 부가 가치를 창출할 수 있는 상품이라는 분석도 나온다.[80] 같은 공간에서의 체험이라도 개개인의 추억과 경험에 따라 각기 다른 의미의 기억을 낳기 때문이다.[81]

무엇보다 비즈니스 환경이 달라졌다. 온라인으로 모든 것이 해결되는 세상에서 오프라인 공간은 꼭 가야 할 이유가 없으면 가지 않는 곳이 되었다. 백화점이라는 공간은 무엇을 사러 가기보다는 놀러, 먹으러, 그냥 시간을 보내려고 가는 공간이다. 쇼핑이 아닌 유희가 목적인 것이다. 이제 비즈니스 공간은 유희, 재미나 체험이 없다면 고객에게 방문의 의미가 없는 곳이 된다.

하버드대 경영대학원의 제럴드 잘트먼Gerald Zaltman 교수는 "소비자 선호와 동기 유발은 총체적 경험에서 파생하는 잠재의식적 감각과 감정적 요인에 크게 영향을 받는다"고 말한다.[82] 총체적 경험, 잠재의식적 감각, 감성적 요인은 모두 공간의 경험과 관련이 깊다. 공간에서 고객은 즉각적인 만족감과 커뮤니케이션을 경험하고 그러한 경험을 단서로 기업과 비즈니스, 브랜드에 대한 종합적 인상을 갖게 된다.[83] 제품이나 서비스가 절대적 비교 우위를 점한다고 할 수 없을 때, 공간의

인상은 그 제품이나 서비스의 차별점을 만드는 주요 요인이 된다.[84]

고객들은 공간에서 온몸으로 느끼는 감동, 재미를 갈망한다. 그저 물건을 구매하는 것을 넘어서 오래 기억되고 소중하게 간직될 무엇인가를 고대하는 것이다. '쇼핑의 과학'의 창시자로 불리는 컨설턴트 파코 언더힐Paco Underhill은 오프라인 공간만이 제공할 수 있는 가치 세 가지를 감각적 자극, 즉시 만족, 사회적 교류라고 설명한다.[85] 공간은 기존 고객과 잠재 고객들에게 기업의 정체성을 경험하게 하는 커뮤니케이터다. 이런 경향을 미래학자 롤프 옌센Rolf Jenssen은 '드림 소사이어티'라고 했고, 경영학자 파인과 길모어는 '체험 경제'라고 불렀다. 파인과 길모어는 기업들에게 이제 광고를 중단하고 적극적으로 비즈니스의 실체를 체험할 수 있는 꿈의 공간을 창출하라고 명령한다.

그들은 피터 드러커의 "마케팅의 목적은 판매를 불필요하게 만드는 것이다"라는 명언을 차용해 "공간 조성의 목적은 광고를 불필요하게 만드는 것"이라고 강조한다. 효과의 검증도 어렵고 사실과는 다른 메시지가 담기는 경우도 있는 광고를 대신해 경험으로 비즈니스의 정체성과 진정성을 직접 커뮤니케이션할 수 있는 물리적 공간을 마련하라는 것이다.[86]

그렇다면 성공적인 스페이스 브랜딩을 위해서는 어떤

공간을 만들어야 할까? 흔한 자극은 아니면서도 응축된 단순함을 갖고 있는 분명하고, 명쾌하고, 매력적인 인상을 품고 있는 공간이 필요하다. 그 공간의 매력적 단순함이 비즈니스의 얼, 다움과 자연스럽게 연결되어야 하는 것은 기본이다. 그래야만 스페이스 브랜딩의 목적을 달성할 수 있다. 필자는 독특하고 새로우면서도 비즈니스의 본질을 보여 줄 수 있는 스페이스 브랜딩을 위해서 다음의 네 가지 원칙을 제시한다. 이미지를 선점해 파급력을 높이는 선도성, 쉽고 명쾌하게 메시지를 전달하는 단순성, 기대를 넘는 놀라움을 주는 의외성, 스토리로 마음을 열게 하는 화제성이다.

선도성 ; 빌바오와 LA의 차이

스페이스 브랜딩을 위한 건축이나 공간은 차별화의 요인이 되는 선도성이 있어야 한다. 누가 보아도 선도적이라는 평가를 할 수 있어야 이미지를 선점할 수 있고 그 공간이 주는 메시지의 파급력이 커진다. 보다 나은 것이 아니라 선도적 원조를 지향해야 한다. 선도적 차별화를 위해서는 '어떻게 할 것인가?'보다는 '무엇을 하면 안 되는가?'에 초점을 맞추는 것이 좋다.[87]

비슷한 것, 따라 하기가 아닌 선도성이 왜 중요한가를 보여 주는 흥미로운 사례가 있다. 미국 건축가 프랭크 게리

Frank Gehry가 설계한 스페인 빌바오Bilbao시의 구겐하임 미술관 Guggenheim Bilbao(120쪽 사진)과 미국 로스앤젤레스LA시의 월트 디즈니 콘서트홀Walt Disney Concert Hall(121쪽 사진)의 사례다. 1997년 완공된 빌바오 구겐하임 미술관은 새로운 천년의 도래를 건축적으로 알리는 건축물로서 쇠락한 도시를 경제적으로 살려 내면서 '빌바오 효과'라는 말까지 만들어 낸 아이콘이다. 도시 부흥, 도시 재생을 위한 스페이스 브랜딩의 대표적인 사례로 늘 첫 번째로 언급된다. 물고기 비늘과 같은 번쩍이는 티타늄 표피, 바람에 흩날리는 것 같은 거대한 조각으로 둘러싸인 구겐하임 미술관은 멀리서 보아도 호기심을 유발한다. 그 선도적 미술관 하나를 보기 위해 인구 35만 명 도시인 빌바오에 매년 100만 명 가까운 전 세계의 관광객이 방문하고 있다.

　　이처럼 건축의 선도적 이미지 하나가 도시에 선사하는 힘, 영향력은 우리가 상상하는 것 이상이다. 물론 공간의 형태가 새로워야만 선도성이 생기는 것은 아니다. 선도성이란 다른 것과 완전히 차별화된 그 어떤 것을 의미한다. 우리가 왜 이탈리아의 작은 도시 피사Pisa를 방문하는가? '기울어진 희한함'을 보러 가는 것이다. 일반 건축물처럼 똑바로 세워진 탑이었다면 사람들의 관심을 많이 받지는 못했을 것이다. 단순히 삐뚤어져 있다는 차별점 하나로도 선도적 스페이스 브랜딩은 가능하다.

사실 빌바오 구겐하임 건축의 조형적 형태는 프랭크 게리가 이전부터 선보여 왔던 것이었다. 게리의 지난 건축 작품들의 연장선상에서 본다면, 빌바오 구겐하임 미술관은 그 형태만으로는 이토록 전 세계적인 주목을 받지 못했을 것이다. 그러나 게리는 빌바오 구겐하임의 소재로 티타늄을 택했다. 21세기 꿈의 신소재로 불리는 티타늄은 항공, 우주 분야에 주로 쓰인다. 값비싼 재료인 티타늄을 건축 마감재로 사용하면서 게리는 세계에서 처음으로 반짝이는 유기적 건축을 대중에게 선보였다. '메탈 플라워'라는 미술관의 애칭이 시사하듯 구겐하임의 선도성은 반짝이는 금속 표피에 있다. 미술관은 바라보는 방향이나 시간에 따라 반짝임의 강도나 색이 달라진다. 프랭크 게리는 반짝이는 표피 하나로 선도적 건축을 탄생시킨 것이다.

빌바오 구겐하임이 전 세계의 관심을 갖게 되자 놀라움과 탄식으로 안타까워했던 도시가 LA였다. 빌바오 구겐하임 미술관 디자인은 LA 월트 디즈니 콘서트홀의 오리지널 디자인을 차용한 것이었기 때문이다. 월트 디즈니의 부인 릴리언 디즈니Lillian Disney는 1987년 LA 시민들에게 공연장을 선물하기로 마음먹고 새로운 콘서트홀을 건립해 달라며 5000만 달러를 시에 기부했다. 공연장을 위한 건축 설계 공모를 통해

1991년 프랭크 게리의 디자인이 당선되었다. 당시 게리는 디즈니 부인이 장미를 좋아한다는 점을 설계에 반영해 장미 꽃잎이 켜켜이 쌓여 있는 건축 이미지를 디자인했다. 콘서트홀의 건설 비용은 2억 달러가 넘었는데 LA 카운티의 기금 모집이 원활치 않아 건설이 지연되고 있었다.

1991년 거의 비슷한 시기에 구겐하임 재단은 빌바오 구겐하임 설계를 위한 건축가를 선정하기 위해 일본의 이소자키 아라타磯崎新, 오스트리아의 쿱 힘멜브라우Coop Himmelblau, 그리고 미국의 프랭크 게리 세 팀을 지명 설계 경기에 초청했다. 1주일 안에 뮤지엄 콘셉트 스케치만 제출받아 설계자를 결정했는데, 프랭크 게리가 당선되었다. 당시 게리가 제출했던 뮤지엄 디자인 콘셉트 스케치 안은 바로 직전에 당선된 LA 콘서트홀의 장미꽃 잎사귀가 펼쳐진 디자인이었다.

거의 비슷한 시기에 두 프로젝트가 시작되었지만, 빌바오 구겐하임은 빠른 속도로 1997년 완공되었고 새로운 세기를 여는 건축이라는 찬사와 함께 전 세계의 주목을 받았다. LA시와 시민들은 이러한 상황에 자극받아 모금 활동과 건설을 서둘러 2004년에 콘서트홀을 완공하게 된다. 콘서트홀의 표면은 본래 석재 마감으로 계획되었는데, 예산 절감의 필요성과 구겐하임 미술관 같은 반짝이는 금속 표면에 대한 선호로 메탈 소재가 최종 낙점되었다. 그러나 비용 문제로 티타늄을 택하지 못하고 스테인리스로 마감하게 되었다.

　　이렇게 세계에서 두 번째로 빛나는 메탈 건축이 탄생하게 되었다. 두 번째 메탈 건축을 갖게 된 LA 콘서트홀은 LA 시민 이외에는 존재 자체를 아는 사람이 많지 않다. 프랭크 게리 하면 떠오르는 작품이 빌바오 구겐하임, 반짝이는 메탈 건축 하면 빌바오 구겐하임이 되어 버린 것이다.

　　세계 최고의 마케팅 전문가 잭 트라우트Jack Trout는 말한다. "사람들의 마인드에 들어가는 가장 손쉬운 방법은 '첫 번째'가 되는 것이다."[88] 스페이스 브랜딩을 성공적으로 만들기 위해서는 그 공간은 반드시 선도적인 위치, 취향을 품는 공간이 되어야 한다.

단순성 ; 유럽의 도시와 애플스토어의 공통점

우리가 파리와 같은 유럽의 구도심을 처음 방문했을 때, 뇌리에 남는 첫인상이 있다. 그 첫인상은 방문자들이 유럽을 친근하게 느끼게 하고, 다시 방문하고 싶어지게 한다. 그 인상은 바로 건물들의 동일한 높이와 비슷한 재료가 만들어 내는 단순한 도시 풍경이다. 고압적이지 않은 낮은 높이의 단순함이 도시를 편안하게 만든다. 단순함이 배경이 된 거리에서 1층의 작은 스토어, 카페들의 존재감이 자연스럽게 우리의 눈에 들어온다. 마치 공원처럼 차분한 단순함이 친근한 인상으로 도시를 스페이스 브랜딩하는 것이다.

상식이란 모든 사람이 공유하는 지혜다. 모든 사람들이 비슷하게 갖고 있는 기억을 디자인의 상식으로 활용하는 것은 스페이스 브랜딩의 지혜로운 접근법이다. 상식이란 사전적으로 "순수한 의미의 올바른 판단으로서 편견이나 지적인 난해함이 전혀 없는 것"으로 정의된다.[89] 상식적 접근이란 고객이 특별한 경험이나 지식 없이도 있는 그대로 이해할 수 있는 단순함을 말한다.

현대인의 생활 공간인 도시는 매우 복잡하고 변화의 속도가 빠르다. 그리고 현대인이 머무르는 공간에도 여러 자극이 존재한다. 심리학적 용어로 자극 과잉이라고 하는 도심 공간 속 수많은 자극들은 사람들을 피곤하고 지치게 한다. 실제로 자극이 지나친 환경에서는 의외로 자극이 없는 빈 공간들이 사람들의 관심을 더 받는다. 커뮤니케이션 과잉 사회에서 고객이 취할 수 있는 유일한 방어 수단은 마음을 단순화하는 것이다.[90] 상식과 단순함이 힘을 얻게 되는 이유다. 복잡함을 상식으로 단순화시키면 사람들은 많은 생각을 하지 않고도 무엇인가를 쉽게 기억할 수 있다.[91]

다양한 양식, 스타일의 접근이 가능한 비즈니스의 스페이스 브랜딩에서 공간과 건축은 상식에 입각한 단순한 형태를 추구하는 것이 좋다. 스페이스 브랜딩에 필요한 것은 "사람의 마음에 존재하는 인식의 순간 포착이다. 깊은 사고도 필요 없고, 제안도 필요 없다."[92] 상식에 입각한 단순성은 고객이 쉽게 다가갈 수 있는 실마리를 제공한다. 애플 매장을 바라본 고객은 비어 있는 공간의 이미지에 이끌려 매장 안으로 들어간다. 그 이유는 명쾌하고 읽기 쉬운 디자인, 즉 단순성이다. 고객은 감각의 실마리를 빠르게 확인할수록 흥미를 느끼고 호감을 갖게 된다. 공간에서 어떤 의문이나 분석, 해석의 필요성을 느끼지 않을 때 고객은 자신도 모르는 사이에 그 공간에 신뢰감을 갖는다.[93]

일반적으로 우리는 단순함을 긍정적으로 판단하지 않는다. 단순한 사람이라면 숙맥을 의미하니 부정적으로 다가오기도 한다. 사람들은 단순하게 취급받는 것을 두려워하기 때문에 단순함을 피하려 한다.[94] 그러나 스페이스 브랜딩을 위한 단순함의 정확한 개념은 전달하려는 메시지의 핵심에 있다. 핵심에 이르기 위해서는 불필요한 요소를 제거해야 한다. 정말 어려운 일이지만, 스페이스 브랜딩 프로세스에서 꼭 해야 할 일은 중요하지 않은 이미지, 메시지를 제거하는 것이다. 2001년 뉴욕 5번가 최초의 애플 플래그십 스토어는 단순한 스페이스 브랜딩의 성공 사례다. 투명한 유리 큐브와 그 안에 떠 있는 하얀 애플 로고는 더 이상 단순해질 수 없는 단순함을 갖고 있다.

프랑스의 작가 생텍쥐페리Saint-Exupéry는 단순함을 다음과 같이 정의한다. "완벽함이란 더 이상 보탤 것이 남아 있지 않을 때가 아니라 더 이상 뺄 것이 없을 때 완성된다."[95] 첫인상에 방해가 되는 모든 요소들을 지워야 한다. 기억할 수 있는 것은 단순한 것이다. 첫인상은 대부분의 경우 가장 정확한 판단으로 남는다. 단순함은 복잡한 것을 분명함으로 바꾸는 예술이다.[96]

그러나 본질적으로 공간은 다양한 기능과 역할을 복합적으로 수행할 수밖에 없다. 스페이스 브랜딩을 위한 공간의 단순성을 사전적인 의미로만 접근할 수는 없는 이유다. 인간은 적당한 자극을 선호한다. 자극이 너무 없으면 지루해하고, 자극이 너무 많으면 스트레스를 받기 마련이다. 스페이스 브랜딩 공간은 눈에 쉽게 읽힐 수 있도록 전체적 이미지는 단순화하면서도 상세한 부분, 디테일에 있어서는 체험적 다양성을 품고 있는 공간이 되어야 한다. 단순성은 형태나 조형적 질서, 소재나 색상의 통일 등으로 가능하다. 멀리서 보았을 때는 전체적으로 공간의 단순함이 느껴지고, 가까이 다가가서 보면 형태나 재료의 다양성이 있을 때 고객들은 그 단순함과 다양성 사이의 긴장을 통해 공간을 감각적으로 풍부하게 경험할 수 있다.

의외성 ; 기분, 감동, 몰입

미국 라스베이거스에 있는 코스모폴리탄 호텔The Cosmopolitan은 2010년 뉴욕 디자인 회사 락웰 그룹Rockwell Group에 의뢰해 호텔의 서쪽 로비를 리노베이션했다. 락웰 그룹은 이 로비에서 물리적 공간과 디지털 세계의 교차점을 탐구해 흔히 경험할 수 없는 디지털 미디어 작품들로 잊을 수 없는 놀라운 몰입 공간을 만들었다. 호텔은 이 공간을 대표적인 홍보 수단으로 삼고 소개 영상을 제작해 유튜브에 올렸는데 그 공간을 설명하는 단어들이 매우 흥미롭다. '호기심을 유발하는', '큐레이트된 경험', '영감적 경험', '새롭고, 독특하며, 신선한', '아름다운 서술', '유혹', '재미있는 환상', '매력적이고 독특한 경험'. 모두 놀라움의 쾌감을 선사하는 공간을 설명하는 단어로, 의외성을 계획하는 데에 유용하게 사용될 수 있는 키워드다.

　공간의 자극은 고객의 행동에 큰 영향을 미친다. 자극을 주려면 적절한 행동을 유발하는 공간의 인상이 필요한데, 의외성이 그 열쇠다. 세계적 브랜드 전략가 토머스 가드Thomas Gad는 브랜딩에서 가장 중요한 것으로 놀라움을 꼽는다. 물론 긍정적 놀라움이다. 놀라움은 비의식적인 뇌의 활동이다. 뇌과학자들은 인간의 뇌가 예상치 못한 것을 찾을 뿐 아니라 심지어 갈망한다는 것을 알아냈다. 고객들은 자랑스럽게 과시

할 수 있는 어떤 것, 브랜드의 새로운 공간적 기호를 원한다. 기대를 넘어서는 놀라움의 긍정적 경험은 브랜드 충성도를 높인다. 공간에서의 놀라움은 새로움과 감동이 주는 강한 쾌감이고, 그 쾌감은 브랜드에 대해 긍정적인 인식을 남긴다.[97] 따라서 스페이스 브랜딩을 위한 공간은 단순함 속에서 기대치 못했던 의외성의 놀라움을 제공해야 한다.

의외성이 주는 고객의 만족을 이해하기 위해 세 가지 용어를 명확히 파악할 필요가 있다. 기분, 감동, 몰입이다. 기분이란 사전적으로 '대상이나 환경에 따라 그때그때 달라지는 감정의 상태'다. 고객의 기분은 앞서 공간의 의미에서 언급한 것과 같이 쾌감, 행복감과 관련된다. 공간에서의 행복감은 늘 감동을 동반한다. 고객이 기업이나 비즈니스의 공간에서 감동을 느낀다면 스페이스 브랜딩은 성공적일 확률이 매우 높다. 감동이란 사전적으로 '크게 느껴 마음이 움직이는 것'을 말한다. 이성적인 활동이 아니라 감성적인 활동인 것이다. 감성적 공감은 독자들 스스로 전달하려는 핵심 내용에 몰입하게 한다. 몰입immersion이란 '깊이 파고들거나 빠지는' 것이다. 헝가리 심리학자 미하이 칙센트미하이Mihály Csíkszentmihályi는 몰입을 최적의 경험으로써 고도의 창조성과 생산성을 가진 상태라고 정의하고 있다. 그는 몰입을 설명하는 단어로 플로우flow라는 단어를 차용했다. 몰입이란 '물 흐르는 것처럼 편안한 느낌', '하늘을 날아가는 자유로운 느낌'으로 몰입 대상과 하나가 된 듯한 일체감을 갖는 상태를 말한다.[98]

일본 최고의 라이프 스타일 브랜드 츠타야TSUTAYA 창업자 마스다 무네아키增田宗昭는 그의 성공의 비결을 '고객의 기분 중심'이라고 말한다. 고객이 매장을 위해 존재하는 것이 아니라 고객을 위해 매장이 존재하기 때문에 그는 고객의 기분이 되어 같은 매장이라도 아침의 기분, 점심의 기분, 저녁의 기분으로 몇 번이고 바라본다고 한다. 그는 그러한 방식으로 다이칸야마의 츠타야 서점과 같이 고객을 감동시키는 대표적 공간을 탄생시켰다.[99] 그가 비즈니스에서 답을 발견하는 법은 간단하다. 고객의 기분으로 생각하는 것이다.

스페이스 브랜딩을 위해서는 기분, 감동, 몰입이 비즈니스의 아이덴티티와 결합되어야 한다. 브랜드의 정체성이 의외성의 몰입 공간으로 구현되어 고객이 감정적으로 공감할 수 있어야 한다는 의미다. 고객이 몰입하게 되는 의외성의 공간은 브랜드가 추구하는 정서적 교감의 최고봉이다. 공간에서 경험한 의외성의 몰입감은 참여적이고, 소통적이며, 유희적이면서도 지속적인 특성을 갖는다.[100]

몰입 경험을 주는 공간으로 원주 뮤지엄 산 제임스터렐관의 빛과 색의 공간 작품 간츠펠트Ganzfeld(122쪽 사진)가 있다. 간츠펠트는 독일어로 '완전한 영역'이라는 의미다. 이 작품 속에서 관람자와 관람의 대상이 되는 빛의 공간은 하나가 된다. 이와 같이 비즈니스 공간과 고객이 하나가 되는 행복한 몰입 경험은 고객을 비즈니스의 팬이 되게 한다.

화제성 ; 기억의 향수, 가치관의 공유, 감동의 공감각

오드리 헵번이 주연한 영화 〈티파니에서 아침을〉의 첫 장면은 뉴욕 맨해튼에서 이른 아침 택시에서 내린 헵번이 티파니 매장 앞에 서서 봉지에 든 빵과 음료를 먹으며 티파니의 보석들을 바라보는 것으로 시작한다. 그녀의 눈은 마치 다가갈 수 없는, 그렇지만 다가가고 싶은 위치에 대한 욕망을 보여 주는 것 같다. 2017년 티파니는 많은 사람들이 사랑했던 오드리 헵번의 그 영화 속 건물에서 아침을 먹는다는 상상을 구현한 브런치 공간을 만들었다. 결혼율이 감소하고 인조 보석에 대한 관심이 늘어나면서 전통적 주얼리 비즈니스는 위기를 맞고 있었다. 티파니는 전략적으로 티파니의 헤리티지라고 할 수 있는 영화를 활용해 화제성의 공간을 창조한 것이다.

티파니는 새로운 공간의 경험을 통해 티파니의 비즈니스 영역을 보석에서 액세서리와 실버 웨어로 확장하고자 했다. 매장의 이름은 '티파니 블루박스 카페'였는데, 밀레니얼 세대를 타깃으로 현대적 티파니의 럭셔리를 경험하게 하는 것이 목적이었다. 카페 공간은 놀랍게도 티파니의 보석 패키

지인 블루박스 안쪽을 형상화한 것 같은 공간이다. 벽, 의자, 접시, 소금과 후추통 모두 티파니의 시그니처 색상인 에그 블루egg blue로 몰입감을 선사한다. 실제로 티파니 블루박스를 보는 것만으로도 티파니의 타깃인 여성 고객의 심장 박동 수가 22퍼센트나 증가한다는 통계도 있다.[101] 사랑하는 영화의 한 장면과 같은 공간, 블루박스 카페는 입소문을 타며 적어도 한 달 전 예약을 하지 않으면 경험할 수 없는 뉴욕 브런치의 명소가 되었다. 강력한 화제성을 일으키는 공간으로 브랜딩에 성공한 사례다. 동양에서는 2019년 처음으로 일본 도쿄 하라주쿠에 티파니 블루박스 카페가 문을 열었다. 2020년 2월에는 영국 런던의 해러즈Harrods 백화점에 매장을 열었다.

화제성의 요인은 티파니와 같은 역사와 전통을 보여 주는 헤리티지, 설립자의 개인적인 이야기부터 강력한 공간의 이미지까지 고객이 관심을 가질 수 있는 모든 것과 연관되어 있다. 중요한 것은 화제성이 공간을 만든 후의 마케팅 활동이 아니라는 것이다. 화제는 공간을 기획할 때부터 설계되어 있어야 하는 스토리다.

천재 디자이너로 불리는 스페인의 하이메 아욘Jaime Hayon은 "최고의 럭셔리는 스토리를 느끼고 경험하는 것"이라고 강조한다.[102] 최근 입소문이나 SNS로 브랜드의 인상을 공유하는 고객이 늘면서 화제성의 중요도는 더 높아지고 있다.

스페이스 브랜딩을 위한 화제성을 구축하는 전략으로 필자는 다음의 세 가지 공간 디자인 방식을 제안한다. 친근함을 활용하는 기억의 향수, 신념과 의미로 소통하는 가치관의 공유, 감성에 호소하는 감동의 공감각이다.

① 기억의 향수

기억의 향수는 친숙함, 친근함과 관련된다. 우리의 일상에서 공통적으로 갖고 있는 기억 이미지를 공간에서 활용하는 방식이다. 고객이 이미 인지하고 있는 감각 실마리들은 친밀함과 편안함을 낳는다. 기본적으로 사람은 편안함을 선호한다.[103] 뭔가 새로운 것을 만들어 내라는 것이 아니다. 이미 고객들의 마음속에 존재하는 기억을 활용해, 공간과의 연결 고리를 만드는 것이다.

사람의 뇌와 컴퓨터의 메모리는 정보의 저장이라는 기능의 측면에서는 비슷하지만 실제로는 큰 차이가 있다. 컴퓨터는 입력한 내용을 있는 그대로 저장하지만, 인간의 뇌, 마음은 반대다. 사람은 스스로 판단이나 평가할 수 없는 새로운 정보는 거부하는 경향이 있다. 바꿔 말하면 이미 알고 있는 정보와 맥락상 부합하는 정보만 받아들이고 나머지는 걸러 낸다. 사람들은 한 사람의 과거에서 우리 모두의 공통된 추억과 소망과 열망을 이끌어 내는 참신한 움직임을 진정성 있다고 생

각한다.[104]

  2006년 세계에서 네 번째로 서울에 들어섰던 에르메스의 플래그십 스토어 '메종 에르메스 도산공원'의 지하 1층에 자리 잡았던 에르메스 뮤지엄(122쪽 사진)은 숲의 오솔길이라는 기억의 향수를 자극한 사례다. 공간 디자인은 프랑스에서 활동하는 미국의 아티스트 겸 아트 디렉터 힐턴 맥코니코 Hilton McConnico가 진행했다. 그는 이 뮤지엄을 나무와 빛의 이야기로 채웠다. 숲의 오솔길을 걸으며 흔히 보았던 나무들이 뮤지엄 바닥의 빛과 어우러져 고요하고 평온하지만 초현실적인 공간의 인상을 만들었다. 이름도 '오솔길 에르메스 뮤지엄 Promenade Hermes Museum'이다. 처음 공간을 보면 그저 숲의 나무들을 보는 것 같다. 그 숲의 나무 기둥 뒤를 돌아보면 에르메스의 3대손 에밀 에르메스Emile Hermes가 수집한 작품들과 에르메스의 역사가 하나하나 숨겨져 있다. 다양한 색으로 염색해 특별히 가공된 가죽으로 덮여 있는 나무 기둥들이 만들어 낸 청록색 숲의 놀라운 첫인상과 오솔길을 걸어 다니다가 발견하는 기둥의 뒷면에 전시된 역사적 작품들이 공존하는 공간을 통해 에르메스는 자연 존중, 세계 최고 수준의 가죽 공예 기술, 오랜 역사를 스페이스 브랜딩하고 있었다. 현재 파리로 이전한 에르메스의 오솔길 뮤지엄은 기억의 향수를 활용하는 방식이 고객의 마음을 여는 데에 유용함을 보여 주고 있다.

② 가치관의 공유

가치관의 공유는 비즈니스의 가치관과 고객의 가치관이 공간에서 조우하게 함으로써 화제성을 일으키는 방식이다. 고객은 상품의 기능, 감성적 만족을 넘어 의미를 찾는다. 물질적 만족이 한계치에 달한 오늘날 사회는 갈수록 영적 만족을 추구할 수밖에 없다.[105] 소비자들은 친환경 제품, 공정 무역 제품, 지구 공동체의 이익에 부합하는 제품 등을 소비하려는 성향을 보이고 있다. 자신의 소비가 시장에 영향력을 준다는 신념을 갖고 소비에 의미와 가치를 부여하고 있는 것이다.[106] 특히 미세먼지 등 환경 문제가 심각하게 대두되자 이제는 친환경을 넘어 환경에 대한 고려가 반드시 필요한 필환경 시대가 되었다. 그동안 '하면 좋은 것'이던 환경에 대한 고려는 '살아남기 위해 반드시 해야 하는 것'으로 인식되고 있다.[107] 이제 고객은 기업의 가치관에 반응한다.

가치관의 공유는 맥락적 장소와 관련이 깊다. 동시대를 사는 사람들이 함께 갖고 있는 공간에 대한 기억이나 그 장소에 관해 전해진 공간의 스토리는 공간의 무형 자산이다. 자연과 공존하는 공간으로의 브랜딩뿐 아니라, 근대 산업 유산들을 활용하는 것도 좋은 방식이다. 당시의 사회 문화적 관계 속에서 역사적, 미학적, 기술적, 문화적 가치를 보여 주는 것 역시 공동체에 기여하는 방법이다. 과거의 유휴 공간에서 잠재적 가치를 발견하고 비즈니스 가치관과의 접점으로 삼으면 화제성을 만들 수 있다.

지역적 건축 재료를 창의적으로 사용해 화제가 된 공간이 있다. 일본 도치기현의 초쿠라 플라자 Chokkura Plaza(123쪽 사진)라는 마을 회관이다. 그 지역은 '오타니大谷'라고 불리는 건축용 석재 생산으로 유명했던 지역이다. 오타니석은 제주도 현무암처럼 구멍이 많고 가벼운 하얀 돌로, 석재 건축이 활발하던 시절에는 큰 인기를 누렸던 재료지만 현재는 사용이 줄어 거의 생산되지 않는다. 마을 사람들은 석재 출하에 쓰인 철도에 면한 창고 부지에 마을 회관을 짓기로 하고 건축가 구마 겐고隈研吾에게 설계를 의뢰했다. '자연스런 건축'을 하고자 했던 그는 오타니석으로 만들어진 기존 창고 부지의 건물을 부수는 대신, 창고를 지었던 석재를 업사이클링하는 디자인을 제시했다. 기존 직사각형의 석재 모듈을 조금씩 잘라 내 ㅅ자로 만들고 그 석재와 철판 구조재를 조합함으로써 독특한 반투명 석벽 시스템을 만들었다. 도치기현의 오타니석이 갖고 있던 독특한 느낌의 소재 가치를 새롭게 일깨워 주면서도 석재 건축이 갖는 시각적 폐쇄성의 단점을 극복한 디자인은 매우 강렬한 그래픽적 인상이 되었고, 디자인 스토리와 함께 전 세계적으로 화제가 되었다.

③ 감동의 공감각

감동의 공감각은 놀랄 만한 탄성의 공간을 통해 화제를 일으키는 방법이다. 여기서 말하는 공감각synesthesia이란 공간적 경험을 통해 비즈니스의 연관성을 느끼는 것을 말한다.

'땡땡이 할머니'로 유명한 구사마 야요이草間彌生가 만든 공간 설치 작품들은 놀라움과 탄성을 자아낸다. 인간의 감성에 호소하는 대표적인 분야인 순수 예술과의 협력은 비즈니스에서 공간의 부가 가치를 최대화할 수 있는 방법이다. 우리가 아름다운 예술품을 보고 매력을 느끼는 것은 기능 때문이 아니라 감성적 느낌이 우리를 잡아끌기 때문이다.[108] 예술 작품들은 감성을 자극하는 결정적인 열쇠를 갖고 있다. 특히 최근의 예술 작품들은 공간을 대상으로 삼는 경우가 많다. 그러한 순수 예술 작품들이 비즈니스와 협업한다면 화제를 일으키는 공간 브랜딩이 가능하다.

일본 데시마豊島섬의 일 벤토Il Vento(124쪽 사진)라는 작은 카페는 순수 미술의 힘을 보여 주는 사례다. 카페는 일반적인 일본식 목조 주택을 활용하고 있다. 특별히 카페의 공간을 위해 구조적인 변형을 하거나 새로운 공간을 디자인하지 않고 독일 조각가인 토비아스 레베르거Tobias Rehberger에게 디자인을 의뢰해 놀라운 공간을 탄생시켰다. 레베르거는 공간에 옵 아트와 비슷한 강렬한 그래픽으로 혼돈의 힘을 만들어 내는 작가다. 일 벤토 카페는 1층은 선, 2층은 점이라는 강렬한 그래픽으로 탄생한 놀라움의 유희적 공간이다. 순수 예술 작가와의 협업으로 시골, 그것도 작은 섬의 카페가 국제적인 화제의 공간이 되었다.

에필로그　　　　　**인상을 설계하다**

뉴욕 맨해튼의 새로운 핫플레이스, 허드슨 야드Hudson Yards는 맨해튼 서쪽 미드타운의 재개발 구역이다. 뉴욕 역사상 가장 큰 규모의 재개발이 이뤄지고 있는 이 지역에는 월스트리트를 대체할 새로운 금융 중심지를 목표로 주거, 오피스, 쇼핑몰, 호텔, 아트 센터, 문화 센터 등 복합 시설물들이 건설되고 있다.

 2018년 그 중앙에 베슬The Vessel(125쪽 사진)이라는 공중 정원이 들어섰다. 영국의 건축가 토머스 헤더윅Thomas Heatherwick이 디자인한 15층의 거대한 나선형 계단 구조물은 이 지역의 상징일 뿐만 아니라 뉴욕시를 방문하는 모든 사람들이 꼭 방문해야 하는 파리의 에펠탑 같은 새로운 명소가 되었다. 자유의 여신상이 과거의 상징이라면 베슬은 미래의 상징이다. 700명 이상의 사람들이 동시에 서로를 바라보며 공중을 걷는 드라마틱한 경험의 공간은 세계 최고의 도시로서 뉴욕의 인상을 새롭게 구축하고 있다.

 프리미엄 사무실과 부티크 호텔, 문화 센터, 명품 스토어 등이 자리 잡은 중국 상하이의 와이탄 금융 센터Bund Finance Center 한가운데에는 건물의 표피가 움직이며 시시각각 변하는 황동색 건물이 있다. 2016년 헤더윅과 영국 디자인 회사 포스터앤파트너스Foster+Partners가 함께 디자인한 흥미로운 건물로, 건축물의 움직이는 표피는 중국 전통 극장의 커튼을 상징하고 있다. 포선 재단Fosun Foundation 운영하는 지상 4층 규모의

이 문화 센터는 국제 예술 및 문화 교류를 위한 공간적 플랫폼을 제공한다. 2020년 1월 현재 프랑스 패션 브랜드 랑방 LANVIN(126-127쪽 사진)은 이 건물 전체 공간을 활용해 스페이스 브랜딩을 하고 있다. 1층에는 랑방 카페, 2층과 3층에는 랑방의 역사를 보여 주는 '대화: 130년의 랑방' 전시회, 4층에는 랑방 레스토랑을 열었다.

베슬의 이미지는 허드슨 야드의 인상을 넘어 뉴욕이라는 도시의 인상을 만들고 있다. 랑방은 커튼이 움직이는 듯한 건물의 이미지와 패브릭이 주요 소재인 랑방의 브랜드 이미지를 연결하는 공간 브랜딩 활동으로 중국의 고객에게 친밀감을 주고 있다. 뉴욕의 베슬이 공간을 통한 브랜드 인상의 구축이라면, 랑방의 공간은 경험을 통한 인상 관리의 브랜딩이다.

사람들의 마음에 하나의 브랜드가 깊이 자리 잡는 것은 머리의 이해보다는 마음속의 공감이다. 이 진리는 수천 년 전 아리스토텔레스가 플라톤에게 한 말과도 같다. "마음에 호소하는 것은 머리에 호소하는 것보다 강하다. 머리에 호소하면 사람들이 고개를 끄덕이게 할 수 있지만, 마음에 호소하면 사람들을 지금 당장 움직이게 할 수 있다."[109] 고객의 마음에 호소한다는 브랜딩의 목표는 변하지 않았다. 변한 것은 실행 방식이다. 산업 시대에는 제품의 속성으로 고객의 마음에 호소했고, 정보 시대에는 이미지로 정체성을 호소했다면, 현재는 이야기와 꿈 같은 체험으로 고객의 마음과 감성에 호소하는 시대다. 체험은 고객이 브랜드를 더 친밀하게 느끼고, 감성적 확신을 갖게 만든다. 그리고 즐거움뿐 아니라 만족감을 준다.[110] 새로운 시대의 브랜딩, 그 중심에 공간이 있다.

주

1 _ 권민, 《유니타스브랜드 Unitas BRAND Vol.13 브랜딩》, 바젤커뮤니케이션, 2010, 25쪽, 재인용.

2 _ 캐서린 슬레이드브루킹(이재경 譯), 《브랜드 디자인》, 홍디자인, 2018, 14쪽, 18쪽, 재인용.

3 _ 월리 올린스(박미영 譯), 《세상에 파고든 유혹의 기술 브랜드》, 세미콜론, 2006, 11, 14쪽.

4 _ 홍성태, 《모든 비즈니스는 브랜딩이다》, 샘앤파커스, 2012, 22쪽.

5 _ 토머스 가드(최경남 譯), 《브랜드 경험을 디자인하라》, 유엑스리뷰, 2019, 60쪽.

6 _ 〈branding〉, 《Business Dictionary》.

7 _ 미즈노 마나부(오연정 譯), 《'팔다'에서 '팔리다'로》, 이콘, 2018, 30쪽.

8 _ 월리 올린스(박미영 譯), 《세상에 파고든 유혹의 기술 브랜드》, 세미콜론, 2006, 6쪽.

9 _ 김지현, 〈가치기반 공간디자인 마케팅에 관한 연구〉, 홍익대학교 박사 학위 논문, 2016, 76-77쪽.

10 _ 댄 힐(이정명 譯), 《감각 마케팅》, 비즈니스북스, 2004, 52쪽.

11 _ 크리스티안 미쿤다(김해생 譯), 《마음을 훔치는 공간의 비밀》, 21세기북스, 2011, 18, 292쪽.

12 _ 김미리·안영, 〈이 건물들이 서울 풍경을 바꾸고 있다〉, 《조선일보》, 2018. 11. 24.

13 _ 케빈 로버츠(양준희 譯), 《브랜드의 미래 러브마크》, 서돌, 2005, 42-43쪽.

14 _ 톰 피터스(정성묵 譯), 《톰 피터스 에센셜 디자인》, 북이십일, 2006, 14, 20쪽.

15 _ 알랭 드 보통(정영목 譯),《행복의 건축》, 청미래, 2011, 233쪽.

16 _ 월터 아이작슨(안진환 譯),《스티브 잡스》, 민음사, 2011, 365쪽.

17 _ 데이비드 아커·에릭 요컴스탈러(이상민·최윤희 譯),《브랜드 리더십》, 비즈니스북스, 2007, 151-153쪽.

18 _ 번 슈미트(윤경구·금은영·신원학 譯),《번 슈미트의 체험 마케팅》, 김앤김북스, 2013, 160쪽.

19 _ 진솔당, 〈얼굴의 우리말 어원〉, 2011. 4. 29.

20 _ Simon Sinek, 〈How great leaders inspire action〉, TED, 2009.

21 _ 로베르토 베르간티(김보영 譯),《창조적 혁신 전략 디자이노베이션》, 한스미디어, 2010, 26-27쪽.

22 _ 리처드 플로리다(이원호·이종호·서민철 譯),《도시와 창조계급》, 푸른길, 2008.

23 _ 제임스 길모어·조지프 파인(윤영호 譯),《진정성의 힘》, 세종서적, 2010, 24-25쪽 재인용.

24 _ 윤경산, 〈서비스 고객의 가치인식이 재방문 의도에 미치는 영향〉, 대구대학교 박사학위 논문, 2007, 14-16쪽.

25 _ 박성현·김유경, 〈브랜드 진정성 측정을 위한 척도개발에 관한 연구〉,《한국광고홍보학보》16(2), 2014, 46-86쪽.

26 _ 김지현, 〈가치기반 공간디자인 마케팅에 관한 연구〉, 홍익대학교 박사 학위 논문, 2016.

27 _ 〈Rem Koolhaas Interview(2002)〉, Manufacturing Intellect.

28 _ 페터 춤토르(장택수 譯), 《분위기》, 나무생각, 2013, 11-13쪽.

29 _ 송길영, 《상상하지 말라》, 북스톤, 2015, 74쪽.
〈연쇄 쇼핑 가족〉, JTBC, 2015. 9. 16.

30 _ 박순욱·윤희훈, 〈연매출 240억 원… 은행원서 커피 사업가로 변신한 김용덕 테라로사 대표〉, 《조선비즈》, 2017. 5. 5.

31 _ 로베르토 베르간티(김보영 譯), 《창조적 혁신 전략 디자이노베이션》, 한스미디어, 2010, 75쪽.

32 _ 크리스티안 미쿤다(최기철·박성신 譯), 《제3의 공간》, 미래의 창, 2005, 20쪽.

33 _ 케빈 로버츠(양준희 譯), 《브랜드의 미래 러브마크》, 서돌, 2005, 120쪽.

34 _ 로베르토 베르간티(김보영 譯), 《창조적 혁신 전략 디자이노베이션》, 한스미디어, 2010, 75쪽.

35 _ 〈The Language Master〉, BBC, 1997.

36 _ 제이미 홈스(구계원 譯), 《난센스》, 문학동네, 2017, 12, 19쪽.

37 _ 바바라 페어팔(서유리 譯,), 《공간의 심리학》, 동양북스, 2017, 184쪽.

38 _ 안아람, 〈도서관보다 카페서 공부가 더 잘되는 이유…백색 소음을 아시나요〉, 《한국일보》, 2014. 12. 12.

39 _ 론 프리드먼(정지현 譯), 《공간의 재발견》, 토네이도, 2015, 59쪽.

40 _ 론 프리드먼(정지현 譯), 《공간의 재발견》, 토네이도, 2015, 58쪽.

41 _ 월터 아이작슨(안진환 譯), 《스티브 잡스》, 민음사, 2011, 683쪽.

42 _ 에스더 M. 스턴버그(서영조 譯), 《공간이 마음을 살린다》, 더 퀘스트, 2013, 59-64쪽.

43 _ 정재승, 〈신경건축학, 대안인가 보안인가〉, 《건축》 58(9), 2014, 12~15쪽.

44 _ 이길성, 〈사무실 천장이 높을수록 창의력도 높아진다〉, 《조선비즈》, 2010. 12. 21.

45 _ 캐서린 슬레이드브루킹(이재경 譯), 《브랜드 디자인》, 홍디자인, 2018, 51쪽.

46 _ 톰 피터스(정성묵 譯), 《톰 피터스 에센셜 디자인》, 북이십일, 2006, 70-73쪽.

47 _ 숀 스미스·조 휠러(정우찬 譯), 《브랜드 가치를 높이는 고객경험》, 다리미디어, 2003, 40-46쪽.

48 _ 젠틀몬스터 서울 홍대 소개. www.gentlemonster.com/showroom/hongdae_seoul_korea

49 _ 젠틀몬스터 서울 신사 소개. www.gentlemonster.com/showroom/sinsa_seoul_korea

50 _ 댄 힐(이정명 譯), 《감각 마케팅》, 비즈니스북스, 2004, 13쪽.

51 _ 이-푸 투안(구동회·심승희 譯), 《공간과 장소》, 대윤, 1995, 34쪽.

52 _ 주하니 팔라스마(김훈 譯), 《건축과 감각》, 시공문화사, 2013, 10쪽.

53 _ 김종진, 《공간 공감》, 효형출판, 2011, 179쪽.

54 _ 주하니 팔라스마(김훈 譯), 《건축과 감각》, 시공문화사, 2013, 33-34쪽.

55 _ 김광현, 《건축이라는 가능성》, 안그라픽스, 2018, 42쪽.

56 _ 김광현, 《건축이라는 가능성》, 안그라픽스, 2018, 46쪽.

57 _ 주하니 팔라스마(김훈 譯),《건축과 감각》, 시공문화사, 2013, 67쪽.

58 _ 이-푸 투안(구동회·심승희譯),《공간과 장소》, 대윤, 1995, 8쪽.

59 _ 주하니 팔라스마(김훈 譯),《건축과 감각》, 시공문화사, 2013, 97쪽.

60 _ 번 슈미트(윤경구·금은영·신원학 譯),《번 슈미트의 체험 마케팅》, 김앤김북스, 2013, 52쪽.

61 _ 조지프 파인·제임스 길모어(김미옥 譯),《체험의 경제학》, 21세기북스, 2010, 31쪽.

62 _ 〈기시감〉,《문학비평용어사전》.

63 _ 차원영, 〈두뇌의 장소 뉴런과 그리드 뉴런의 새롭게 밝혀진 사실〉,《IT뉴스》, 2017. 4. 8.

64 _ 미나토 지히로(김경주·이종욱 譯),《창조적 기억》, 논형, 2017, 67, 177쪽.

65 _ 번 슈미트(윤경구·금은영·신원학 譯),《번 슈미트의 체험 마케팅》, 김앤김북스, 2013, 125쪽.

66 _ 〈Ico Migliore〉,《Wikipedia》.

67 _ 김희경, 〈부산이 청주보다 가깝다…명절 '시간 지도'〉,《동아일보》, 2004. 9. 23.

68 _ 〈소확행〉,《시사용어사전》.

69 _ 최보윤, 〈명품은 럭셔리가 아닙니다〉,《조선일보》, 2017. 4. 5.

70 _ 알랭 드 보통(정영목 譯),《행복의 건축》, 청미래, 2011, 131쪽.

71 _ 송길영 ,《상상하지 말라》, 북스톤, 2015, 80쪽.

72 _ 〈세계실내건축가연맹 디자인 선언〉, www.ifiworld.org

73 _ 댄 힐(이정명 譯), 《감각 마케팅》, 비즈니스북스, 2004, 187쪽.

74 _ 알랭 드 보통(정영목 譯), 《행복의 건축》, 청미래, 2011, 100-101쪽.

75 _ 제임스 길모어·조지프 파인(윤영호 譯), 《진정성의 힘》, 세종서적, 2010, 272-274쪽.

76 _ 오영식·차재국·신문용, 《토탈임팩트의 현대카드 디자인 이야기》, 세미콜론, 2015, 179쪽.

77 _ 박은영, 〈현대카드 디자인 프로젝트가 남다른 이유〉, 《월간 디자인》, 2014. 5.

78 _ 현대카드 브랜드본부·김현진·여준상, 〈신용카드 회사가 문 연 '라이브러리', 브랜드 스페이스를 기업의 헤리티지로〉, 2017. 9.

79 _ 에델만, 〈2019 EDELMAN TRUST BAROMETER〉, 2019.

80 _ 조지프 파인·제임스 길모어(김미옥 譯), 《체험의 경제학》, 21세기북스, 2010.

81 _ 김상훈·비즈트렌드연구회, 《2015-2017 앞으로 3년 세계 트렌드》, 한스미디어, 2014, 128쪽.

82 _ 숀 스미스·조 휠러(정우찬 譯), 《브랜드 가치를 높이는 고객경험》, 다리미디어, 2003, 107쪽 재인용.

83 _ 김지현, 〈가치기반 공간디자인 마케팅에 관한 연구〉, 홍익대학교 박사 학위 논문, 2016, 29쪽.

84 _ 김상훈·비즈트렌드연구회, 《2015-2017 앞으로 3년 세계 트렌드》, 한스미디어, 2014, 141쪽.

85 _ 파코 언더힐(신현승 譯), 《쇼핑의 과학》, 세종서적, 2000, 293쪽.

86 _ 제임스 길모어·조지프 파인(윤영호 譯), 《진정성의 힘》, 세종서적, 2010, 265-267, 307쪽.

87 _ 잭 트라우트(이수정 譯), 《잭 트라우트, 비즈니스 전략》, 청림출판, 2004, 16쪽, 60쪽.

88 _ 잭 트라우트·앨 리스(안진환 譯), 《포지셔닝》, 을유문화사, 2006, 39쪽.

89 _ 잭 트라우트·스티브 리브킨(김유경 譯), 《단순함의 원리》, 21세기북스, 2000, 21쪽 재인용.

90 _ 잭 트라우트·앨 리스(안진환 譯), 《포지셔닝》, 을유문화사, 2006, 25쪽.

91 _ 잭 트라우트·스티브 리브킨(김유경 譯), 《단순함의 원리》, 21세기북스, 2000, 15쪽.

92 _ 잭 트라우트(이수정 譯), 《잭 트라우트, 비즈니스 전략》, 청림출판, 2004, 135쪽.

93 _ 댄 힐(이정명 譯), 《감각 마케팅》, 비즈니스북스, 2004, 69쪽.

94 _ 잭 트라우트·스티브 리브킨(김유경 譯), 《단순함의 원리》, 21세기북스, 2000, 13쪽.

95 _ 칩 히스·댄 히스(안진환·박슬라 譯), 《스틱!》, 엘도라도, 2009, 52-53쪽 재인용.

96 _ 잭 트라우트(이수정 譯), 《잭 트라우트, 비즈니스 전략》, 청림출판, 2004, 130쪽.

97 _ 토머스 가드(최경남 譯), 《브랜드 경험을 디자인하라》, 유엑스리뷰, 2019, 33, 42, 44-45쪽.

98 _ Mihály Csíkszentmihályi , 《Finding Flow: The Psychology of Engagement With Everyday Life》, 1996, Basic Books.

99 _ 마스다 무네아키(장은주 譯), 《취향을 설계하는 곳, 츠타야》, 위즈덤하우스, 2017, 376쪽.

100 _ 하은경, 〈디지털 미디어에 의한 공간체험의 몰입구조에 관한 연구〉, 홍익대학교 박사 학위 논문, 2010, 89-114쪽.

101 _ Interbrand, 〈Tiffany & Co. : 티파니와 22%의 비밀〉.

102 _ 최보윤, 〈상상하라, 아이처럼…그것이 곧 디자인이다〉, 《조선일보》, 2015. 4. 16.

103 _ 댄 힐(이정명 譯), 《감각 마케팅》, 비즈니스북스, 2004, 75쪽.

104 _ 제임스 길모어·조지프 파인(윤영호 譯), 《진정성의 힘》, 세종서적, 2010, 98쪽.

105 _ 필립 코틀러(안진환 譯), 《마켓 3.0》, 타임비즈, 2010, 47쪽.

106 _ 김지현, 〈가치기반 공간디자인 마케팅에 관한 연구〉, 홍익대학교 박사 학위 논문, 2016, 20쪽.

107 _ 김난도 외, 《트렌드 코리아 2019》, 미래의창, 2018, 10쪽.

108 _ G. L. 롱지노티 뷔토니(김민주 譯), 《드림케팅》, 위즈덤하우스, 2007, 22, 41쪽.

109 _ 홍성태, 《모든 비즈니스는 브랜딩이다》, 샘앤파커스, 2012, 9, 155쪽.

110 _ 댄 힐(이정명 譯), 《감각 마케팅》, 비즈니스북스, 2004, 188-193쪽.

북저널리즘 인사이드 온라인 시대,
브랜딩의 본질

오프라인 매장의 매출이 급감하면서 유통 대기업들의 구조조정이 본격화하고 있다. 오프라인에서 온라인으로 판매의 거점을 옮기는 방향이다. 실제로 2019년 국내 유통 시장 온라인 매출 비중은 41.2퍼센트에 달한다. 매출 증가율을 비교하면 격차는 더 벌어진다. 2019년 오프라인 매출은 0.9퍼센트 감소했으나, 온라인 매출은 14.2퍼센트 늘었다. 기업 입장에서 오프라인 공간은 성장세는 꺾였는데 인력 등 투입해야 하는 비용은 여전히 높은 시장이다.

반면 오프라인 공간을 통해 급성장하고 있는 기업들도 있다. 이들은 오프라인 공간을 '고객과의 접점'으로 정의하고, 비용과 인력을 투입한다. 프라다는 파산 위기에 몰렸을 때, 과감한 투자를 통해 오프라인 공간 에피센터를 구축하고 도약의 전환점을 만들어 냈다. 아이웨어 브랜드 젠틀몬스터는 론칭 초기부터 독특한 스토리를 담은 매장 디자인으로 글로벌 시장에서 성장하고 있다. 현대카드는 고객의 라이프 스타일을 디자인한다는 브랜드 가치를 라이브러리라는 공간으로 구현해 독보적인 입지를 점하고 있다.

이들의 공통점은 오프라인 공간을 판매 목적만으로 활용하지 않는다는 것이다. 프라다 에피센터는 프라다 상품이 아닌 공간 자체를 경험할 수 있도록 설계돼 있다. 상품을 구입하기 위해서가 아니라 프라다라는 브랜드를 체험하기 위해 방문하는 공간을 만든 것이다. 젠틀몬스터는 전시를 보는 듯한 예술적인 경험을 제공해 고객의 방문을 유도한다. 현대카드 라이브러리는 카드 이용이나 가입 같은 직접적 이윤 창출과는 무관한 심미적 아름다움을 갖춘 공간으로 탁월한 취향을 갖춘 사람들을 유인하고, 충성 고객을 확보했다.

저자는 온라인으로 모든 것이 해결되는 세상에서 오프라인 공간은 꼭 가야 할 이유가 없으면 가지 않는 곳이 되었다고 말한다. 동시에 온라인 시대에 오프라인만이 제공할 수 있는 가치도 명확하다고 강조한다. 고객이 감각적인 자극을 받고, 경험하고, 브랜드와 소통할 수 있는 영역은 오프라인 공간이다. 오프라인은 브랜드를 보여 주는 가장 강력한 무대인 셈이다.

온라인 시장의 매출 상승세에만 주목하면, 오프라인 시장의 가치 상승세를 발견하기 어렵다. 디지털 네이티브 세대라고 불리는 밀레니얼, Z세대는 오히려 발품을 팔아 멋진 공간을 찾고, 경험하고, 공유하는 데 익숙하다. 미국의 밀레니얼, Z세대가 제품 정보를 얻는 경로를 조사한 닐슨의 2018년 조사에 따르면, 제품을 직접 보고 구입한다는 응답자는 57퍼센트로, 온라인에서 검색한다는 응답자(53퍼센트)보다 많았다.

온라인 시대, 경험의 가치는 오히려 커지고 있다. 오프라인 공간은 이제 매출을 일으키는 거점이 아니라, 브랜드의 본질을 보여 주는 소통의 창구로 진화하고 있다. 오프라인 투자를 줄이고 온라인으로 초점을 옮기는 방안은 고객과 브랜드의 관계라는 본질에서 벗어난 해법일 수 있다. 저자의 말처럼 환경은 달라졌지만, 고객의 마음에 호소한다는 브랜딩의 목표는 변하지 않았다. 고객과 브랜드는 여전히 오프라인에서 만나고 있다.

김하나 에디터

마이자일 쇼핑몰

데시마 뮤지엄

바바리안 그룹 슈퍼데스크

프라다 에피센터

빌바오 구겐하임 미술관

월트 디즈니 콘서트홀

뮤지엄 산 제임스터렐관

에르메스 뮤지엄

초쿠라 플라자

일벤토

베슬

와이탄 금융 센터 랑방